唐诗杂论
On Tang Poetry

闻一多

METRO FIFTH AVENUE PRESS, LLC

On Tang Poetry
Wen Yiduo

Originally published in Chinese by
Jiangsu Literature and Art Publishing House, 2007

All rights reserved. No part of this book may be reproduced in any form by any electronic or mechanical means including photocopying, recording, or information storage and retrieval without permission in writing from the publisher (Metro Fifth Avenue Press, LLC, P.O. Box 745, New York, NY 10163-0745, USA).

ISBN-13: 978-0692604403
ISBN-10: 0692604405

Printed in the U.S.A

目 录

前言 …………………………………………（ 1 ）
类书与诗 ……………………………………（ 1 ）
宫体诗的自赎 ………………………………（ 10 ）
四杰 …………………………………………（ 23 ）
孟浩然 ………………………………………（ 31 ）
贾岛 …………………………………………（ 37 ）
少陵先生年谱会笺 …………………………（ 45 ）
岑嘉州系年考证 ……………………………（113）
杜甫 …………………………………………（157）
英译李太白诗 ………………………………（172）

前　言

一

　　对于闻一多先生的唐诗研究，学术界存有不同的看法。特别是近些年来，闻先生论述过的好几个问题，差不多都有争论；有的虽然没有提到闻先生的著作，但是很明显，其基本论点与闻先生是不一致的。如初唐诗，是否就是类书的堆砌与宫体的延续；唐太宗对唐初的文学发展，是否就只起消极作用；卢照邻的《长安古意》、刘希夷的《代悲白头翁》、张若虚的《春江花月夜》，是否就如闻先生所说的属于宫体诗的范围，它们在诗坛的意义用"宫体诗的自赎"来概括是否确切；"四杰"在初唐诗歌史上的出现，是一个整体，还是两种不同的类型；孟浩然是否即是"为隐居而隐居"而没有思想矛盾；中唐时的卢仝、刘叉，是否是"插科打诨"式的人物；贾岛诗是否就那样的阴暗灰色，等等。

　　以上的问题涉及到闻一多先生关于唐诗的专著《唐诗杂论》的大部分篇目。闻先生的另一部唐诗著作《唐诗大系》，是一部唐诗选本，书中所选的作家大多标有生卒年。这是闻先生对于唐诗所作的考证工作的一部分，在一个较长的时期内为研究者所信奉，有时还作为某些大学教材的依据。但这些年以来，有不少关于唐代诗人考证的论著，对书中所标的生卒年提出异议，另立新说。

以上这些情况，已经牵涉到对闻先生唐诗研究某些基本方面的估价。①

应该怎样来看待这些问题呢？

科学研究是不断深化、不断发展的认识运动。科学史的实例表明，没有一个大师的观点是不可突破的。新材料的补充和发现，新学说的提出和建立，构成科学发展的最根本的内容。闻先生进行唐诗的研究，是在20年代末到40年代初，过了四五十年，学术界出现了与闻先生意见不相同的新看法，修订了其中某些不大符合文学史实际的论点，这正是学术研究自身发展的正常现象。如果说，过了将近半个世纪，我们的唐诗研究还停留在20—40年代的水平，研究者的眼光还拘束在闻先生谈论过的范围，那才是可怪的了。

对唐代文学研究的迅速进展，要有一个充分的估计。建国

---

① 根据现有的研究资料，我们知道闻先生在唐诗研究方面有一个庞大的计划。但公开发表的只有《唐诗杂论》和《唐诗大系》，分别收载于已经出版的《闻一多全集》第三册和第四册。据说还有不少有关唐诗的手稿有待整理，其数量大大超过已经发表的《唐诗杂论》和《唐诗大系》。从一些回忆录的文章来看，这些手稿大部分属于资料的辑集与考订。由于尚未问世，这里暂不论列。另外，郑临川先生过去曾在西南联大听过闻先生的课，他有《闻一多论古典文学》一书出版（重庆出版社，1984年11月），是经过整理的讲课记录。我们要感谢郑临川先生，他的这份记录是很宝贵的，其中唐诗部分可以给人很多的启发。但为慎重起见，本文论述仍以已经出版的《全集》为依据。

以前，我们的一些前辈们对唐代文学做了不少开拓性的工作，我们应当特别提到闻一多先生及郑振铎、罗根泽、李嘉言等已故老一辈学者。但唐代文学研究真正沿着正确的方向，有计划地进行，并作出较大成绩的，是建国以后，特别是近七八年以来。对这些年来唐代文学研究的突出进展，我曾归纳为四个方面，概括说来就是：

一、填补了不少空白，尤其是注意到了对某一历史时期文学加以综合的考虑和概括，力图从中探求文学发展的带有规律性的东西。二、拓展了研究领域。三、对作家作品的考订更加细致精确。四、对诗歌艺术性分析的加强。我们是站在学术繁荣的新的高度来回视前辈学者的成就的。靠了许多人的努力，我们把学术道路往前延伸了一大段，再回过头来看看前人铺设的一段，我们有理由为自己用汗水（有时还有血泪）开拓的一段高兴，但绝无理由因此而鄙薄前人的那一段，尽管那一段比起现在来似乎并不那么宽阔，或者甚至还有弯路，但我们毕竟是从那一段走过来的。要知道，在崎岖不平的学术道路上，要跨过一段，哪怕是一小段，是多么的不容易，有时看来甚至是不可能的，而这一段或一小段，就是前行者的历史功绩；如果没有前人筚路蓝缕所开辟的这一段或一小段，也许就没有后人延伸的一大段。

我觉得，在唐代文学研究取得相当大进展的今天，我们来谈论闻一多先生的唐诗研究，如果只是扣住某一些具体论点，与现在的说法作简单的对照，以此评论其得失，恐怕是没有什么积极意义的。对我们有意义的是，前辈是在什么样的情况下开拓他们的路程的，是风和日丽，还是风雨交加；他们是怎样设计这段路面的,这段路体现了创设者自身的什么样的思想风貌;我们对于先行者,仅仅作简单的比较,还是努力从那里得到一种开拓者的启示。

这就需要我们思考:闻一多先生是在什么样的观念下来建立他的研究体系的?

二

为了叙述的方便,在具体评论闻先生的唐诗研究之前,我想先概略地回顾一下他的古代文化研究,以便使我们对问题有一个总体的认识。

朱自清先生在为《闻一多全集》所作的序中,对闻先生作为诗人、学者、民主斗士的三者关系,作了很好的说明:

> 他是一个斗士。但是他又是一个诗人和学者。这三重人格集合在他身上,因时期的不同而或隐或现。……学者的时期最长,斗士的时期最短,然而他始终不失为一个诗人,而在诗人和学者的时期,他也始终不失为一个斗士。

这几句话对于我们认识闻先生的古代文化研究,包括他的唐诗研究,是非常重要的。这就是说,闻先生并不满足于把自己关在书斋里搞那种纯学术的研究,而是努力把自己的学术工作与中国文化的历史与现状相联系,从文化学术的角度对民族的历史命运作理智的思索,从而使他的学术研究,带有"斗士"气质的批判性与进取精神。综观闻先生关于先秦《周易》、《诗经》、《庄子》、《楚辞》以及远古神话的研究,不难感觉到它们的两个鲜明的特点,一是对于民族文化的总体探讨,二是对于传统的严肃批判。

"我是把古书放在古人的生活范畴里去研究"。[①] 这可以看作是闻先生进行他古代文化研究的一种基本方法,他总是想透过书本来剖析活的社会。他在抗战时期的一篇文章中说:"二千年来士大夫没有不读儒家经典的,在思想上,他们多多少少都是儒家的,因此,我们了解了儒家,便了解了中国士大夫的意识观念。"(《什么是儒家》)多么警辟的论断! 他就是在这种整体观念下建立他的研究格局的。

花了十年左右才成书的《楚辞校补》,出版后被公认为文献研究中的力作,他在书前的"引言"中说:

> 较古的文学作品所以难读,大概不出三种原因。(一)先作品而存在的时代背景与作者个人的意识形态,因年代久远,史料不足,难于了解;(二)作品所用的语言文字,尤其那些"约定俗成"的白字(训诂家所谓"假借字")最易陷读者于多歧亡羊的苦境;(三)后作品而产生讹传本的讹误,往往也误人不浅。《楚辞》恰巧是这三种困难都具备的一部古书,所以在研究它时,我曾针对着上述诸点,给自己定下了三项课题:(一)说明背景,(二)诠释词义,(三)校正

[①] 刘烜《闻一多评传》(北京大学出版社,1983年7月)第275页,谓转引自陈凝《闻一多传》第3页,民享出版社1947年8月版。

文字。

郭沫若先生在为《闻一多全集》作序时,曾特别注意到了这一段文字,并且敏锐地觉察到其中的第一项"是属于文化史的范围,应该是最高的阶段"。《楚辞校补》的这一段话,实际上是闻先生对自己十余年来学术道路的一个小结,也使他更加明确了学术思想上的追求方向和所要努力达到的境界。

表面看起来,对于先秦,闻先生所作的似乎只是专书整理,实际上他所要努力触及的是"时代背景"与"意识形态",也就是整个时代的历史文化。我们不妨举几个例子。他著《周易义证类纂》,是想"以钩稽古代社会史料之目的解《周易》",于是"依社会史料性质,分类录出",把《周易》的文句主要分成三大类,每一大类又分别几个小类,如:

一、有关经济事类:甲、器用,乙、服饰,丙、车驾,丁、田猎,戊、牧畜,己、农业,庚、行旅。

二、有关社会事类:甲、婚姻,乙、家庭,丙、家族,丁、封建,戊、聘问,己、争讼,庚、刑法,辛、征伐,壬、迁邑。

三、有关心灵事类:甲、妖祥,乙、占候,丙、祭祀,丁、乐舞,戊、道德观念。

这就是从"时代背景"到"意识形态",对《周易》作社会文化史的研讨。他的《风诗类钞》,体例也与此相似。在《序例提纲》中,闻一多先生首先提出对《诗经》有三种旧的读法,即经学的、历史的、文学的,而他这本书的读法则是"社会学的"。他把《诗经》的国风部分重新编次,分三大类目,即婚姻、家庭、社会。他认为这样重新编排和注释,国风就"可当社会史料文化史料读",同时"对于文学的欣赏只有帮助无损害"。闻先生并不抹杀《诗经》的文学性质,他在译注中很好表达了国风作为抒情诗的艺术特点。他是要充分利用文学反映社会生活和时代精神的特殊手段,来揭示那一时代活的文化形态,并把这种形态拿来直接与今天的读者见面,这就是他所说的"缩短时间距离——用语体文将《诗经》移至读者的时代,用下列方法(按即用考古学、民俗学、语言学的方法——引者)带读者到《诗经》的时代"。

显然,闻先生这样做,并不单纯是追求一种学术上的新奇,或者仅仅是一种研究趣味,他是把昨天的历史与今天的现实联结,以古代广阔的文化背景给现实以启示,把他那深沉的爱国主义用对祖国文化的反思曲折地表现出来,来探求我们民族前进的步子。同样,他之所以又从《诗经》、《楚辞》而上溯到神话的研究,用他自己的话来说,是"神话在我们文化中所占势力之雄厚"(《伏羲考》),是为了探求"这民族、这文化"的源头,"而这原始的文化是集体的力,也是集体的诗,他也许要借这原始的集体的力给后代的散漫和萎靡来个对症下药吧"(朱自清《全集》序)。

闻先生古代研究的另一特点是对传统的批判,而这种批判又植根于他对祖国历史文化的赤子之爱。对于中国的传统文化,他有一个明确的观念,就是:"文化是有惰性的,而愈老的文化,惰性也愈大。"(《复古的空气》)他早年有一首题为《祈祷》的诗,其中说:

> 请告诉我谁是中国人,
> 启示我,如何把记忆抱紧;
> 请告诉我这民族的伟大,
> 轻轻的告诉我,不要喧哗!

诗人出于对自己人民的爱,提出"如何把记忆抱紧",而且深情地请求:"请告诉我这民族的伟大"。应当说,这种故国乔木之思正是他作为诗人、学者、斗士的根本动力,而作为清醒的爱国者和严肃的学者,他并不沉湎于历史,也不陶醉于传统。经过审视,他愈来愈感到古老文化中的惰性;这种惰性,更由于代复一代的统治者的腐朽而得到加强。批判封建传统,揭露古老文化的惰性和一切不合理成分,正标志着闻一多先生爱国思想的升华。

在这方面,闻一多先生的态度有时是很激烈的,有些地方甚至使人感到竟有些偏颇。如说"愈读中国书就愈觉得他是要不得的","封建社会的东西全是要不得的"(《五四历史座谈》)。这种有激而发的语句并非出于一时冲动,而是植根于严正学者的冷静思索:

> 周初是我们历史的成年期,我们的文化也就在那时定型了。当时的社会组织是封建的,而封建的基础是家族,因此我们三千年来的文化,便以家族主义为中心,一切制度,祖先崇拜的信仰,和以孝为核心的道德观念等等,都是从这里产

生的。(《家族主义与民族主义》)

1943年冬他在一封信中,说到"经过十余年故纸堆中的生活,我有了把握,看清了我们这民族、这文化的病症"(《给臧克家先生信》)。从这里我们可以看到,闻一多先生那种广阔的文化史研究如何加深他对民族历史文化的认识,又是如何促进他对传统的毫不留情的批判。正如与闻先生共事十余年,深知其治学历程的朱自清先生所说,"是在开辟着一条新的道路,而那披荆斩棘,也正是一个斗士的工作"(《全集》序)。

要知道,闻一多先生是在中华民族正在经历生死存亡的大搏斗中进行他的文学创作和学术研究的,这一严峻的环境不仅影响他的诗作,也影响他的学术著作。他不可能像我们现在那样在一个平和的环境中从事于学术探讨。激烈的政治、思想和文化上的斗争,使他本来具有的那种诗人浪漫气质,强烈影响到论著中去,使犀利的笔锋更带有逼人的气势。这是当时的环境所促成的。事过几十年,当我们在完全不相同的环境来讨论那些问题,会觉得闻先生的某种片面性(当然,从历史主义地看,这点也不需要讳饰),但我们首先应当看到这种把学术研究与实际斗争相结合,在近代中国思想文化史上如何放射出永远值得人们珍视的异彩!

三

我们在前一节中用一定的篇幅论述了闻一多先生的古代文化研究,为的是有助于对他的唐诗研究工作的理解。先从宏观上来把握闻先生的研究格局和学术体系,那末闻先生对唐诗的一些具体看法,才不致被误解。

闻先生对唐诗有一个相当规模的研究计划。1933年9月,刚到清华大学不久,他在给友人饶孟侃的信中谈了近年来从事的学术项目,共有八项,除了《诗经》、《楚辞》各占一项外,其他六项全是唐诗,它们是:

《全唐诗校勘记》:校正原书的误字。

《全唐诗外编》:收罗《全唐诗》所漏收的唐诗。现已得诗一百余首,残句不计其数。

《全唐诗小传补订》:《全唐诗》作家小传最潦草。拟订其误,补其缺略。

《全唐诗人生卒年考》。

《杜诗新注》。

《杜甫》(传记)。

从这个项目来看,他的研究格局也如同《楚辞校补》,先做文字校订和字义训释的工作,然后再进行综合的研究。过去一些研究者强调闻先生继承清代朴学家训诂学的传统,这是对的,但仅仅讲这一点是不够的,应当说闻先生是多方面地承受了前代学者的优良学风。譬如清初思想家黄宗羲说"读书不多无以证斯理之变化",顾炎武主张"博学以文",闻先生每做一项研究,都尽可能搜罗有关材料,以求彻底解决,都与这些大学者的学术思想有关。至于他的大胆怀疑的精神,敢于立异的新颖之说,更是受清代学风中积极因素的影响。这些,在他的唐诗研究中也可以看得很清楚。

《唐诗杂论》中的《少陵先生年谱会笺》发表于1930年,这是他一系列唐诗研究中所作出的最早的业绩。从这一篇较侧重于资料编排的文章中,我们已经可以看出其眼光的非同一般。譬如他注意辑入音乐、绘画、文献典籍等资料,如开元二年杜甫三岁时,根据《唐会要》、《雍录》等书,记设置教坊于蓬莱宫侧,玄宗亲自教以法曲,称为"梨园弟子"。开元四年、五年,连续记载于洛阳设置乾元院(后改丽正书院),辑集群书。开元十五年,记徐坚纂修文艺性类书《初学记》成。开元二十年,吴道玄作"地狱变相图"。开元二十九年,崇玄学,以《老子》、《庄子》、《文子》、《列子》为"四子",并作为科举考试明经举的依据。天宝三载,芮挺章选开元初以来的当时人诗为《国秀集》,年谱中又以较多的篇幅记载佛教的活动,如开元七年《华严论》成,八年印度金刚智、不空金刚来华(合善元畏称"开元三大师"),开元十八年僧人智升撰《开元释教录》(此书为我国唐以前佛教经录之总汇),开元二十四年五月名僧义福卒,赐号大智国师,七月葬于洛阳龙门之北,送葬有数万人,大臣严挺之为作碑。宋代以来,为杜甫作年谱者不下几十家,但都没有像闻先生那样,把眼光注射于当时的多种文化形态,这种提挈全局、突出文化背景的作法,是我国年谱学的一种创新,也为历史人物研究作出了新的开拓。

在这以后,闻先生继续沿着这一治学方向发展,他的方法运用得更加自如,创获也更加显著。他从不孤立地论一个个作家,更不是死守住一二篇作品。他是从整个文化研究着眼,因此对唐诗的发展就能把握大的方面,着力探讨唐诗与唐代社会及整个思想文化的关系,探究唐诗是在什么样的社会环境中发展的,诗人创作的缺点怎样与其生活环境与文化氛围发生密切的联系,等等。总之,他是站在一个新的高度,以历史的眼光,观察和分析唐诗的发展变化,冲破了传统学术方法的某种狭隘性和封闭性。这是闻先生唐诗研究的极可宝贵的思想遗产,是值得我们很好吸取的。

《唐诗杂论》中的《类书与诗》、《宫体诗的自赎》、《四杰》三篇属于初唐诗的研究。不必讳言,闻先生对初唐诗的具体论述有不够确切、不够全面之处。他对于初唐诗的消极面看得多了些,对初唐诗为盛唐诗歌的发展准备思想和艺术方面的条件估计不够充分。对于唐太宗李世民作用的评价也不完全恰当,他单以某种欣赏趣味的高低来把唐太宗与隋炀帝作类比,认为唐太宗鉴别诗歌的眼力大大低于隋炀帝,在《类书与诗》的末尾还得出这样结论性的意见:"太宗毕竟是一个重实际的事业中人;诗的真谛,他并没有,恐怕也不能参透。他对于诗的了解,毕竟是个实际的人的了解。他所追求的只是文藻,是浮华,不,是一种文辞上的浮肿,也就是文学的一种皮肤病。"近年来唐代文学的研究,已经纠正了长期以来对唐太宗评价过低的偏向。

我觉得,时过几十年,再来具体讨论某一人物、某一作品,评价的得失,并不能对我们的思考有多大的意义。对我们有意义的,是闻先生研究初唐诗的角度,以及他对这一阶段文学变迁审视的眼光,在这里,我们就会发现闻一多先生所特有的气度和魄力。

闻先生始终把文学看作为一种历史运动,他把文学发展作为动态来把握。他并不把诗的初唐看作一个笼统的概念,而把它分成两个阶段,即唐政权建立(618)到高宗武后交割政权(660),这是前五十年;在这之后到开元初(712),是另一阶段。闻先生这样描写两个阶段交接的情况:

> 靠近那五十年的尾上,上官仪伏诛,算是强制的把"江左余风"收束了,同时新时代的先驱,四杰及杜审言,刚刚走进创作的年华,沈宋与陈子昂也先后诞生了,唐代文学这才扯开六朝的罩纱,露出自家的面目。(《类书与诗》)

这就是文学发展的动态叙述,正好像前面引述过的《风诗类钞·序例提纲》所说的"带读者到《诗经》的时代"那样,作者也是力求给今天的读者看到那个活的时代。

文章接着说:"所以我们要谈的五十年,说是唐的头,倒不如说是六朝的尾。"这又是把文学放在它自身的历史运动中来考察,而不拘牵于封建王朝的兴替。——要知道,在闻先生的年代,谈中国历史要打破王朝体系真不知道有多少困难。据朱自清先生介绍,闻一多先生抗战时期讲授中国文学史时,曾有一份《四千年文学大势鸟瞰》提纲,将四千年的中国文学分为八大期,其中第五期名为"诗的黄金时期",系自东汉献帝建安元年至唐玄宗天宝十四载(196—755),五百五十九年。由此可见,初唐第一阶段的五十年,只不过是这一时期的一个极为短小的过渡期。

接着,闻先生就展开了他那特有的历史文化的综合研究。对初唐诗,他提出三个动向,一是诗的学术化,以词藻的堆砌作诗,于是发展了类书,二是宫体诗的衍变,诗的情趣怎样由亵渎走向净化;三是由于作家身份的变异,一批新人走上文学舞台,诗的题材也得到了解放,即由宫廷走到市井,从台阁移至江山与塞漠。而前两点,也正是从那"说是唐的头,倒不如说是六朝的尾"的著名论断出发的,指出它们都与六朝诗风紧相关连。他说:"寻常我们提起六朝,只记得它的文学,不知道那时期对于学术的兴趣更加浓厚。唐初五十年所以像六朝,也正在这一点。这时期如果在文学史上占有任何位置,不是因为它在文学本身上有多少价值,而是因为它对于文学的研究特别热心。"然后他举出从太宗时期到开元时所编修的数量众多、篇幅浩繁的类书;写道:

> 《文选》注,《北堂书钞》,《艺文类聚》,《初学记》,初唐某家的诗集。我们便看出一首初唐诗在构成程序中的几个阶段。

这几句话真是所谓"立一篇之警策"!在这之前,有谁论述初唐诗,会把它与六朝及唐初的学术风气相联系,有谁会想到唐代前期,大量编修类书是出于一种文学风格的需要。读闻先生的这些著作,确定会有一种启人思考的展新和开拓之感。

《春江花月夜》算不算宫体诗,学术界还有争论。[①] 闻一多

[①] 见程千帆《张若虚〈春江花月夜〉的被理解和被误解》(《文学评论》1982年第2期)、周振甫《〈春江花月夜〉再认识》(《学林漫录》第七集,中华书局1983年3月版)、吴小如《说张若虚〈春江花月夜〉》(《北京大学学报》1985年第5期)。

先生在《宫体诗的自赎》中,主要并不在于讨论这首诗是否属于宫体诗的范围,而是从历史变迁的角度,着重探讨了唐初将近一百年的时期,诗人们怎样以自己的努力,来扫除齐梁以来弥漫于诗坛的这种恶浊空气。那种"人人眼角里是淫荡,人人心中怀着鬼胎","在一种伪装下的无耻中求满足"的宫廷艳情诗,实际上只不过是"一种文字的裎裸狂"。但这种诗风盛行已久,隋末的政治风暴并没有把它们驱散,在唐初又适应宫廷的需要而得以继续存在,而且"词藻来得更细致,声调更流利,整个的外表显得更乖巧,更酥软"。闻先生在这里揭示了文学上的一条规律,那就是文风的转变有时是相当艰巨的,它不能单靠政治的力量,而是更靠作家们在长时期的创作实践中,经过自我的斗争和提高,才得以逐步完成。在这里"自赎"一词尤其值得玩味。所谓"自赎",是一种蜕化,是从朽陈的母体中蜕出的新生命。在《宫体诗的自赎》中,闻先生描述了这一"否定之否定"的过程。冲破齐梁以来诗坛上萎靡不振的那种"虚伪的存在",开始是卢照邻的《长安古意》,它通过歌唱长安的繁华,教给人们"如何回到健全的欲望"。但这首诗在形式上还不够成熟,感情又过于狂放,好似狂风暴雨,虽有气势,不能持久,不易为许多人所接受。于是接着出现了刘希夷的《代悲白头翁》:"洛阳女儿好颜色,坐见落花长叹息,今年花落颜色改,明年花开复谁在?……年年岁岁花相似,岁岁年年人不同!"闻先生指出这首诗里潜藏着一种"宇宙意识",这就是从美的暂促性中认识到"永恒"。这已经超过了《长安古意》"共宿倡家桃李蹊"的狂放,一跃而进到对青春年华的圣洁般的赞叹。接着就到了张若虚的《春江花月夜》：

> 江畔何人初见月？江月何年初照人？人生代代无穷已，江月年年只相似。不知江月待何人，但见长江送流水。

这就是"更复绝的宇宙意识！一个更深沉，更寥廓、更宁静的境界！"因为在这里，已经把宫体诗所散发的一切污浊从诗境中完全排除出去，把男女间刻骨的相思之情，真正用庄严的诗笔表达出来，而且赋予这种真情以哲理的光辉。诗的最后四句："斜月沉沉藏海雾，碣石潇湘无限路。不知乘月几人归，落月摇情满江树！"闻先生赞叹道：

> 这里一番神秘而又亲切的，如梦境的晤谈，有的是强烈的宇宙意识，被宇宙意识升华过的纯洁的爱情，又由爱情辐射出来的同情心，这是诗中的诗，顶峰上的顶峰。

从这里我们可以看到闻先生怎样把审美活动与哲理研究融汇在一起，怎样把文风的改革放在历史文化的宏大背景下加以观照。也许，人们可以指出这篇文章在某些具体的论述上有所偏颇，但是你却不能不钦佩在半个多世纪前，作者已具有如此富于辩证意味的文学的艺术史观，以及他那种独有的诗人气质的对文学的感悟能力。可以说，今天有关初唐诗研究的进展，是以闻先生的研究为发轫的，就基本思路而言，是在闻先生开辟的新路上向前走。如果踩在巨人的肩膀上向上攀援的同时，却又因巨人背脊上的几点胎记而讪其幼稚,则不能不说是学术研究中的轻狂。

另外,从对贾岛的评论中,我们又可看到闻一多先生对传统批判的特点。贾岛是中晚唐之际有独特成就的诗人,明代著名的诗评家胡应麟曾说:"曲江之清远,浩然之简淡,苏州之闲婉,浪仙之幽奇,虽初盛中晚,调迥不同,然皆五律独造。"(《诗薮》)这种幽奇的诗风,大行于晚唐五代:"唐末五代,……大抵皆宗贾岛辈,谓之贾岛格。"(宋胡仔《苕溪渔隐丛话》)可能有人觉得闻一多先生对贾岛诗评价得太低了。应当说,对贾岛诗的评价,是学术上的百家争鸣问题,可以各抒己见,而且以后还会出现新的争论。值得注意的是,闻先生在《贾岛》一文中提出了一个富有启发性的问题:"你甚至说晚唐五代之际崇拜贾岛是他们那一个时代的偏见和冲动,但为什么几乎每个朝代末叶都有回向贾岛的趋势?宋末的四灵,明末的钟谭,以至清末的同光派,都是如此。"这就把问题一下子提高了。作者接着犀利地提出:

> 可见每个在动乱中毁灭的前夕都需要休息,也都要全部的接受贾岛。

这里把贾岛对后世诗人的影响提到某种规律性的高度。闻先生是环绕诗歌与生活的关系这一文学的根本问题来展开的。他把贾岛生活的中晚唐之际,形象地比喻为"一个走上了末路的,荒凉、寂寞、空虚,一切罩在一层铅灰色的时代"。贾岛早年又曾出家为僧,出世超尘的早期经历,养成了"属于人生背面的,消极的,与常情背道而驰的趣味"。中年后还俗,屡考不中,仕途无望。时代还是那个时代，一个以自我得失为中心的诗人只能背对着生活，那种荒凉得几乎狞恶的"时代相"也激发不起他的任何诗情，禅宗与老庄思想又乘虚而入。这就使他爱静、爱瘦、爱冷，爱这些情调的象征——鹤、石、冰雪。贾岛的诗正是使那种远离生活而又陷于苦闷、无所作为的人们得到某种虚幻的满足。在年龄上，比起白居易、孟郊、韩愈以及张籍、王建来，贾岛是晚辈，是青年，然而在诗的情调上，他比起这些前辈诗人来，又是那么阴霾、冷漠，而且显得如此的疲乏。这种评论是否太苛刻了呢？不，要知道，闻一多先生并不单为贾岛而发，而是超越贾岛，把批判的锋芒指向惰性的中国社会："老年中年人忙着挽救人心、改良社会，青年人反不闻不问，只顾躲在幽静的角落里做诗，这现象现在看来不免新奇，其实正是旧中国传统社会制度下的正常状态。"这是一种畸形，却又是旧制度的正常产物。闻一多先生的这一批判，是有他当时特定的心理机制的。

在抗战后期，闻一多先生一方面看到国统区某些文艺作品因脱离生活而显得苍白无力，另一方面又接触到抗日根据地刚健质朴、有丰富生活内容的新作。由此出发，他特别强调生活对文学的重大作用。他称赞田间的诗是时代的鼓手，说"它所成就的那一点，却是诗的先决条件——那便是生活欲，积极的、绝对的生活欲"。又说："你说这不是诗，因为你的耳朵太熟悉于'弦外之音'……那一套，你的耳朵太细了。"(《时代的鼓手》)他强调诗要有骨格，"这骨格便是人类生活的经验"。(《邓以蛰〈诗与历史〉题记》)正是从这点出发，他批判了贾岛，又高度评价了孟郊。他认为孟郊虽没有像白居易那样写过成套的"新乐府"，但是他有穷苦的生活作基础,并不追求闲情逸致,"他的态度,沉着而有锋"(《〈烙印〉序》)。他说,苏轼诋毁孟郊的诗,那是出于苏轼的标准,"我们只要生活,生活磨出的力,像孟郊所给我们的,是'空螯'也好,是'蜇吻涩齿'或'如嚼木瓜,齿缺舌敝,不知味所存'也好,我们还是要吃,因为那才可以磨炼我们的力"(同上)。无论对于贾岛或孟郊,我们现在看来,闻先生的评价或许还有不够全面的地方,但联系《宫体诗的自赎》来看,闻先生的唐诗研究,贯穿着一种渴望着新事物能穿透惰性的旧事物。而生机勃发地诞生的心态,这也正是朱自清先生所说的诗人、学者身上的斗士气质的反映,无疑,这是与当时新旧交替之际的社会环境有关的。也许这种心态会导致研究中的某些偏颇,但更多的是,这生气、这渴望使他能直探本源,抓住要害,并联系广阔的社会环境,对传统的弊病和现实的症结作犀利的批判,那种眼光与手力,到现在还能给我们以启示。

四

前面一节,主要是联系闻一多先生的整个古代文化研究,就注意于文化史的总体探讨和对传统的批判两点,来探索闻先生在唐诗研究上所作的贡献,目的在于从大的方面把握他的研究体系和研究格局。我想,这可能比讨论一个个具体问题,对我们今天的研究来说要有意义一些。当然,闻先生唐诗研究的建树还不止这些,还可以举出一些问题来谈,如《岑嘉州系年考证》对于盛唐边塞诗人岑参的生平考证,工力深厚,直到现在还可作为依据；又比如《唐诗大系》所选的诗，既能照顾到各种时期，各流派的作家，又能选择其中的艺术珍品，是很有特色的唐诗选本。①闻先生所作的《全唐诗》的文字校勘和作品辑佚，以及作家小传订补，其手稿有待整理，一定还有不少富有成果的学术遗产可借探究。以上这些，本文就不再详细论述了。这里拟简单补充一点的，是闻先生学术文章的艺术美。

  闻先生诗人的素养和优美的文笔使得他的学术文章有一种难以企及的诗的境界。关于这一点，朱自清先生曾经谈到过："他创造自己的诗的语言，并且创造自己的散文的语言。诗大家都知道，不必细说；散文如《唐诗杂论》，可惜只有五篇，那经济的字句，那完密而短小的篇幅，简直是诗。"②《唐诗杂论》的这几篇文章，对学术论著如何做到既富有理致，又能给人以艺术享受，很能给人以思考。当然，要做到这一点，须要具备多种条件，要有生活阅历，要像闻先生那样有对传统文化广博的学识，还要有很高的艺术素养与诗人气质，能够品味出艺术美的细致精妙之处。譬如他的《英译李太白诗》一文，谈到李白诗的翻译成英语问题，说："形式上的秾丽许是可以译的，气势上的浑璞可没法子译了。但是去掉了气势，又等于去掉了李太白。"又如孟浩然的清逸淡远的风格，说："孟浩然不是将诗紧紧的筑在一联或一句里，而是将它冲淡了，平均的分散在全篇中。"（《孟浩然》）这些都不是一般的鉴赏

---

  ① 闻先生的《唐诗大系》也是应该谈的，但这涉及到对不少作品的看法，又牵涉到不少诗人生卒年等考证问题，我希望以后有机会另写专文评论。
  ② 朱自清《中国学术的大损失——悼闻一多先生》，载《闻一多纪念文集》，三联书店编，1980年8月版。

水平所能说出的。又譬如他讲到庄子时,说庄子"是一个抒情的天才",然后举出《庄子》中这样的文句:"送君者皆自厓而返,君自此远矣!"说果然是读了"令人萧蓼有遗世之意"。把学术文章当作美文来写,这方面,闻先生也给后来者树立了一个不太容易达到的标准。限于篇幅,这个问题只能提一提,其实这是很值得写一篇专文来谈的。

傅璇琮

类书与诗

检讨的范围是唐代开国后约略五十年,从高祖受禅(618)起,到高宗武后交割政权(660)止。靠近那五十年的尾上,上官仪伏诛,算是强制的把"江左余风"收束了,同时新时代的先驱,四杰及杜审言,刚刚走进创作的年华,沈宋与陈子昂也先后诞生了,唐代文学这才扯开六朝的罩纱,露出自家的面目。所以我们要谈的这五十年,说是唐的头,倒不如说是六朝的尾。

寻常我们提起六朝,只记得它的文学,不知道那时期对于学术的兴趣更加浓厚。唐初五十年所以像六朝,也正在这一点。这时期如果在文学史上占有任何位置,不是因为它在文学本身上有多少价值,而是因为它对于文学的研究特别热心,一方面把文学当作学术来研究,同时又用一种偏向于文学的观点来研究其余的学术。给前一方面举个例,便是曹宪李善等的"选学"(这回文学的研究真是在学术中正式的分占了一席)。后一方面的例,最好举史学。许是因为他们有种特殊的文学观念(即《文选》所代表文学观念),唐初的人们对于《汉书》的爱好,远在爱好《史记》之上,在研究《汉书》时,他们的对象不仅是历史,而且是记载历史的文字。便拿李善来讲，他是注过《文选》的，也撰过一部《汉书辨惑》，《文选》与《汉书》，在李善眼里，恐怕真是同样性质，具有同样功用的物件，都是给文学家供驱使的材料。他这态度可以代表那整个时代。这种现象在修史上也不是例外。只把姚思廉除开，当时修史的人们谁不是借作史书的机会来叫卖他们的文藻——尤其是《晋书》的著者！至于音韵学与文学的姻缘，更是显著，不用多讲了。

当时的著述物中，还有一个可以称为第三种性质的东西，那便是类书，它既不全是文学，又不全是学术，而是介乎二者之间的一种东西，或是说兼有二者的混合体。这种畸形的产物，最足以代表唐初的那种太像文学的学术，和太像学术的文学了。所以我们若要明白唐初五十年的文学，最好的方法也是拿文学和类书排在一起打量。

现存的类书，如《北堂书钞》和《艺文类聚》，在当时所制造的这类出品中，只占极小部分。此外，太宗时编的，还有一千卷的《文思博要》，后来从龙朔到开元，中间又有官修的《累璧》六百三十卷、《瑶山玉彩》五百卷、《三教珠英》一千三百卷(《增广皇览》及《文思博要》)、《芳树要览》三百卷、《事类》一百三十卷、《初学记》三十卷、《文府》二十卷、私撰的《碧玉芳林》四百五十卷、《玉藻琼林》一百卷、《笔海》十卷。这里除《初学记》之外，如今都不存在。内中是否有分类的总集，像《文馆词林》似的，我们不知道。但是《文馆词林》的性质，离《北堂书钞》虽较远，离《艺文类聚》却接近些了。欧阳询在《艺文类聚·序》里说是嫌"《流别》、《文选》，专取其文，《皇览》、《遍略》，直书其事"的办法不妥，他们

（《艺文类聚》的编者不只他一人）才采取了"事居其前，文列于后"的体例。这可见《艺文类聚》是兼有总集（《流别》、《文选》）与类书（《皇览》、《遍略》）的性质，也可见他们看待总集与看待类书的态度差不多。《文馆词林》是和《流别》、《文选》一类的书，在他们眼里，当然也和《皇览》、《遍略》差不多了。再退一步讲，《文馆词林》的性质与《艺文类聚》一半相同，后者既是类书，前者起码也有一半类书的资格。

　　上面所举的书名，不过是就新旧《唐书》和《唐会要》等书中随便摘下来的，也许还有遗漏。但只看这里所列的，已足令人惊诧了。特别是官修的占大多数，真令人不解。如果它们是《通典》一类的，或《大英百科全书》一类的性质，也许我们还会嫌它们的数量太小。但它们不过是《兔园册子》的后身，充其量也不过是规模较大品质较高的《兔园册子》。一个国家的政府从百忙中抽调出许多第一流人才来编了那许多的"兔园册子"（太宗时，房玄龄，魏徵，岑文本，许敬宗等都参与过这种工作），这用现代人的眼光看来，岂不滑稽？不，这正是唐太宗提倡文学的方法，而他所谓的文学，用这样的方法提倡，也是很对的。沈思翰藻谓之文的主张，由来已久，加之六朝以来有文学嗜好的帝王特别多，文学要求其与帝王们的身份相称，自然觉得沈思翰藻的主义最适合他们的条件了。文学由太宗来提倡，更不能不出于这一途。本来这种专在词藻的量上逞能的作风，需用学力比需用性灵的机会多，这实在已经是文学的实际化了。南朝的文学既已经在实际化的过程中，隋统一后，又和北方的极端实际的学术正面接触了，于是依照"水流湿，火就燥"的物理的原则，已经实际化了的文学便不能不愈加实际化,以至到了唐初,再经太宗的怂恿,便终于被学术同化了。

文学被学术同化的结果,可分三方面来说。一方面是章句的研究,可以李善为代表,另一方面是类书的编纂,可以号称博学的《兔园册子》与《北堂书钞》的编者虞世南为代表。第三方面便是文学本身的堆砌性,这方面很难推出一个代表来,因为当时一般文学者的体干似乎是一样高矮,挑不出一个特别魁梧的例子来。没有办法,我们只好举唐太宗。并不是说太宗堆砌的成绩比别人精,或是他堆砌得比别人更甚,不过以一个帝王的地位,他的影响定不是一般人所能比的,而且他也曾经很明白的为这种文体张目过(这证据我们不久就要提出)。我们现在且把章句的研究,类书的纂辑,与夫文学本身的堆砌性三方面的关系谈一谈。

李善绰号"书簏",因为,据史书说,他是一个"淹贯古今,不能属辞"的人。史书又说他始初注《文选》,"释事而忘意",经他儿子李邕补益一次,才做到"附事以见义"的地步。李善这种只顾"事",不顾"意"的态度,其实是与类书家一样的。章句家是书簏,类书家也是书簏,章句家是"释事而忘意",类书家便是"采事而忘意"了。我这种说法并不苛刻。只消举出《群书治要》来和《北堂书钞》或《艺文类聚》比一比,你便明白。同是钞书,同是一个时代的产物,但拿来和《治要》的"主意"的质素一比,《书钞》、《类聚》"主事"的质素便显着格外分明了。章句家与类书家的态度,根本相同,创作家又何尝两样?假如选出五种书,把它们排成下面这样的次第:

《文选注》,《北堂书钞》,《艺文类聚》,《初学记》,初唐某家的诗集。

我们便看出一首初唐诗在构成程序中的几个阶段。劈头是"书簏",收尾是一首唐初五十年间的诗,中间是从较散漫、较零星的"事",逐渐的整齐化与分化。五种书同是"事"(文家称为词藻)的征集与排比,同是一种机械的工作,其间只有工作精粗的程度差别,没有性质的悬殊。这里《初学记》虽是开元间的产物,但实足以代表较早的一个时期的态度。在我们讨论的范围内,这部书的体裁,看来最有趣。每一项题目下,最初是"叙事",其次"事对",最后便是成篇的诗赋或文。其实这三项中减去"事对",就等于《艺文类聚》,再减去诗赋文便等于《北堂书钞》。所以我们由《书钞》看到《初学记》,便看出了一部类书的进化史,而在这类书的进化中,一首初唐诗的构成程序也就完全暴露出来了。你想,一首诗做到有了"事对"的程度,岂不是已经成功了一半吗?余剩的工作,无非是将"事对"装潢成五个字一幅的更完整的对联,拼上韵脚,再安上一头一尾罢了。(五言律是当时最风行的体裁,但这里,我没有把调平仄算进去,因为当时的诗,平仄多半是不调的)这样看来,若说唐初五十年间的类书是较粗糙的诗,他们的诗是较精密的类书,许不算强词夺理吧?

《旧唐书·文苑传》里所收的作家,虽有着不少的诗人,但除了崔信明的一句"枫落吴江冷"是类书的范围所容纳不下的,其余作家的产品不干脆就是变相的类书吗?唐太宗之不如隋炀

帝,不仅在没有作过一篇《饮马长城窟行》而已,便拿那"南化"了的隋炀帝,和"南化"了的唐太宗打比,像前者的

  暮江平不动,春花满正开;流波将月去,潮水带星来。

甚至

  鸟击初移树,鱼寒不隐苔。①

又何尝是后者有过的? 不但如此,据说炀帝为妒忌"空梁落燕泥"和"庭草无人随意绿"两句诗,曾经谋害过两条性命。"枫落吴江冷"比起前面那两句名句如何? 不知道崔信明之所以能保天年,是因为太宗的度量比炀帝大呢,还是他的眼力比炀帝低。这不是说笑话。假如我们能回答这问题,那么太宗统治下的诗作的品质之高低,便可以判定了。归真的讲,崔信明这人,恐怕太宗根本就不知道,所以他并没有留给我们那样测验他的度量或眼力的机会。但这更足以证明太宗对于好诗的认识力很差。假如他是有眼力的话,恐怕当日撑持诗坛的台面的,是崔信明、王绩,甚至王梵志,而不是虞世南、李百药一流人了。

  讲到这里,我们许要想到前面所引时人批评李善"释事而忘意",和我批评类书家"采事而忘意"两句话。现在我若给那些作家也加上一句"用事而忘意"的案语,我想读者们必不以为过分。

---

① 《隋遗录》所载炀帝诸诗皆明秀可诵,然系唐人伪托。《铁围山丛话》引佚句"寒鸦飞数点,流水绕孤村",亦伪。

拿虞世南、李百药来和崔信明、王绩、王梵志比,不简直是"事"与"意"的比照吗?我们因此想到魏徵的《述怀》,颇被人认作这时期中的一首了不得的诗,《述怀》在唐代开国时的诗中所占的地位,据说有如魏徵本人在那时期政治上的地位一般的优越。这意见未免有点可笑,而替唐诗设想,居然留下生这意见的余地,也就太可怜了。平心说,《述怀》是一首平庸的诗,只因这作者不像一般的作者,他还不曾忘记那"诗言志"的古训,所以结果虽平庸而仍不失为"诗"。选家们搜出魏徵来代表初唐诗,足见那一个时代的贫乏。太宗和虞世南李百药,以及当时成群的词臣,做了几十年的诗,到头还要靠这诗坛的局外人魏徵,来维持一点较清醒的诗的意识,这简直是他们的耻辱!

不怕太宗和他率领下的人们为诗干的多热闹,究竟他们所热闹的,与其说是诗,毋宁说是学术。关于修辞立诚四个字,即算他们做到了修辞(但这仍然是疑问),那立诚的观念,在他们的诗里可说整个不存在。唐初人的诗,离诗的真谛是这样远,所以,我若说唐初是个大规模征集词藻的时期,我所谓征集词藻者,实在不但指类书的纂辑,连诗的制造也是应属于那个范围里的。

上述的情形,太宗当然要负大部分的责任。我们曾经说到太宗为堆砌式的文体张目过,不错,看他亲撰的《晋书·陆机传论》便知道。

> 观夫陆机、陆云,实荆衡之杞梓,挺珪璋于秀实,驰英华于早年。风鉴澄爽,神情俊迈;文藻宏丽,独步当时;言论慷

慨,冠乎终古。高词迥映,如朗月之悬光;叠意回舒,若重岩之积秀。千条析理,则电拆霜开;一绪连文,则珠流璧合。其词则深而雅,其义则博而显。故足远超枚马,高蹑王刘,百代文宗,一人而已。

因为他崇拜的陆机,是"文藻宏丽",与夫"叠意回舒,若重岩之积秀","一绪连文,则珠流璧合"的陆机,所以太宗于他的群臣中就最钦佩虞世南。褚亮在《十八学士赞》中,是这样赞虞世南的:

笃行扬声,雕文绝世;网罗百家,并包六艺。

两《唐书·虞世南传》都说,他与兄世基同入长安,时人比作晋之二陆,《新》传又品评这两弟兄说:

世基辞章清劲过世南,而赡博不及也。

这样的虞世南,难怪太宗要认为是"与我犹一体",并且在世南死后,还有"锺子期死,伯牙不复鼓琴"之叹。这虞世南,我们要记住,便是《兔园册子》和《北堂书钞》的著者。这一点极其重要。这不啻明白的告诉我们,太宗所鼓励的诗,是"类书家"的诗,也便是"类书式"的诗。总之,太宗毕竟是一个重实际的事业中人;诗的真谛,他并没有,恐怕也不能参透。他对于诗的了解,毕竟是个实际的人的了解。他所追求的只是文藻,是浮华,不,是一种文辞上的浮肿,也就是文学的一种皮肤病。这种病症,到了上官仪的"六对"、"八对",便严重到极点,几乎有危害到诗的生命的可能,于是因察觉了险象而愤激的少年"四杰",便不得不大声急呼,抢上来施以针砭了。

原载《大公报·文艺副刊》第五十二期

宫体诗的自赎

宫体诗就是宫廷的,或以宫廷为中心的艳情诗,它是个有历史性的名词,所以严格的讲,宫体诗又当指以梁简文帝为太子时的东宫及陈后主、隋炀帝、唐太宗等几个宫廷为中心的艳情诗。我们该记得从梁简文帝当太子到唐太宗宴驾中间一段时期,正是谢朓已死,陈子昂未生之间一段时期。这其间没有出过一个第一流的诗人。那是一个以声律的发明与批评的勃兴为人所推重,但论到诗的本身,则为人所诟病的时期。没有第一流诗人,甚至没有任何诗人,不是一桩罪过。那只是一个消极的缺憾。但这时期却犯了一桩积极的罪。它不是一个空白,而是一个污点,就因为他们制造了些有如下面这样的宫体诗。

长筵广未同,上客娇难逼,还杯了不顾,回身正颜色。
(高爽《咏酌酒人》)
众中俱不笑,座上莫相撩。(邓鉴《奉和夜听妓声》)

这里所反映的上客们的态度,便代表他们那整个宫廷内外的气

氛。人人眼角里是淫荡，

> 上客徒留目，不见正横陈。（鲍泉《敬酬刘长史咏名士悦倾城》）

人人心中怀着鬼胎：

> 春风别有意，密处也寻香。（李义府《堂词》）

对姬妾娼妓如此，对自己的结发妻亦然（刘孝威《都县寓见人织率尔赠妇》便是一例）。于是发妻也就成了倡家。徐悱写得出《对房前桃树咏佳期赠内》那样一首诗，他的夫人刘令娴为什么不可以写一首《光宅寺》来赛过他？索性大家都揭开了，

> 知君亦荡子，贱妾自倡家。（吴均《鼓瑟曲有所思》）

因为也许她明白她自己的秘诀是什么。

> 自知心所爱，出入仕秦宫，谁言连屈尹，更是莫遨通？（简文帝《艳歌篇》十八韵）

简文帝对此并不诧异，说不定这对他，正是件称心的消息。堕落是没有止境的。从一种变态到另一种变态往往是个极短的距离，所以现在像简文帝《娈童》，吴均《咏少年》，刘孝绰《咏小儿采

莲》,刘遵《繁华应令》,以及陆厥《中山王孺子妾歌》一类作品,也不足令人惊奇了。变态的又一类型是以物代人为求满足的对象。于是绣领、袙腹、履、枕、席、卧具……全有了生命,而成为被玷污者。推而广之,以至灯烛、玉阶、梁尘,也莫不踊跃的助他们集中意念到那个荒唐的焦点,不用说,有机生物如花草莺蝶等更都是可人的同情者。

  罗荐已擘鸳鸯被,绮衣复有葡萄带,残红艳粉映帘中,戏蝶流莺聚窗外。(上官仪《八咏应制》)

看看以上的情形,我们真要疑心,那是作诗,还是在一种伪装下的无耻中求满足。在那种情形之下,你怎能希望有好诗!所以常常是那套褪色的陈词滥调,诗的本身并不能比题目给人以更深的印象。实在有时他们真不像是在作诗,而只是制题。这都是惨淡经营的结果:《咏人聘妾仍逐琴心》(伏知道),《为寒床妇赠夫》(王胄)。特别是后一例,尽有"闺情"、"秋思"、"寄远"一类的题面可用,然而作者偏要标出这样五个字来,不知是何居心。如果初期作者常用的"古意""拟古"一类暧昧的题面,是一种遮羞的手法,那么现在这些人是根本没有羞耻了!这由意识到文词,由文词到标题,逐步的鲜明化,是否可算作一种文字的裸裎狂,我不知道,反正赞叹事实的"诗"变成了标明事类的"题"之附庸,这趋势去《游仙窟》一流作品,以记事文为主,以诗副之的形式,已很近了。形式很近,内容又何尝远?《游仙窟》正是宫体诗必然的下场。

我还得补充一下宫体诗在它那中途丢掉的一个自新的机会。这专以在昏淫的沉迷中作践文字为务的宫体诗,本是衰老的,贫血的南朝宫廷生活的产物,只有北方那些新兴民族的热与力才能拯救它。因此我们不能不庆幸庾信等之入周与被留,因为只有这样,宫体诗才能更稳固的移植在北方,而得到它所需要的营养。果然被留后的庾信的《乌夜啼》、《春别诗》等篇,比从前在老家作的同类作品,气色强多了。移植后的第二三代本应不成问题。谁知那些北人骨子里和南人一样,也是脆弱的,禁不起南方那美丽的毒素的引诱,他们马上又屈服了。除薛道衡《昔昔盐》、《人日思归》,隋炀帝《春江花月夜》三两首诗外,他们没有表现过一点抵抗力。炀帝晚年可算热忱的效忠于南方文化了,文艺的唐太宗,出人意料之外,比炀帝还要热忱。于是庾信的北渡完全白费了。宫体诗在唐初,依然是简文帝时那没筋骨,没心肝的宫体诗。不同的只是现在词藻来得更细致,声调更流利,整个的外表显得更乖巧,更酥软罢了。说唐初宫体诗的内容和简文帝时完全一样,也不对。因为除了搬出那僵尸"横陈"二字外,他们在诗里也并没有讲出什么。这又教人疑心这辈子人已失去了积极犯罪的心情。恐怕只是词藻和声调的试验给他们羁縻着一点作这种诗的兴趣(词藻声调与宫体有着先天与历史的联系)。宫体诗在当时可说是一种不自主的,虚伪的存在。原来从虞世南到上官仪是连堕落的诚意都没有了。此真所谓"萎靡不振"!

但是堕落毕竟到了尽头,转机也来了。

在窒息的阴霾中,四面是细弱的虫吟,虚空而疲倦,忽然一声霹雳,接着的是狂风暴雨! 虫吟听不见了,这样便是卢照邻《长安古意》的出现。这首诗在当时的成功不是偶然的。放开了粗豪而圆润的嗓子,他这样开始,

> 长安大道连狭斜,青牛白马七香车,玉辇纵横过主第,金鞭络绎向侯家! 龙衔宝盖承朝日,凤吐流苏带晚霞,百丈游丝争绕树,一群娇鸟共啼花。……

这生龙活虎般腾踔的节奏,首先已够教人们如大梦初醒而心花怒放了。然后如云的车骑,载着长安中各色人物 panorama 式的一幕幕出现,通过"五剧三条"的"弱柳青槐"来"共宿娼家桃李蹊"。诚然这不是一场美丽的热闹。但这癫狂中有战栗,堕落中有灵性。

> 得成比目何辞死,愿作鸳鸯不羡仙。

比起以前那光是病态的无耻——

> 相看气息望君怜,谁能含羞不肯前! (简文帝《乌楼曲》)

如今这是什么气魄! 对于时人那虚弱的感情,这真有起死回生的力量。最后,

> 节物风光不相待,桑田碧海须臾改,昔时金阶白玉堂,即今唯见青松在!

似有"劝百讽一"之嫌。对了,讽刺,宫体诗中讲讽刺,多么生疏的一个消息!我几乎要问《长安古意》究竟能否算宫体诗。从前我们所知道的宫体诗,自萧氏君臣以下都是作者自身下流意识的口供,那些作者只在诗里。这回卢照邻却是在诗里,又在诗外,因此他能让人人以一个清醒的旁观的自我,来给另一自我一声警告。这两种态度相差多远!

> 寂寂寥寥扬子居,年年岁岁一床书,独有南山桂花发,飞来飞去袭人裾。

这篇末四句有点突兀,在诗的结构上既嫌蛇足,而且这样说话,也不免暴露了自己态度的褊狭,因而在本篇里似乎有些反作用之嫌。可是对于人性的清醒方面,这四句究不失为一个保障与安慰。一点点艺术的失败,并不妨碍《长安古意》在思想上的成功。他是宫体诗中一个破天荒的大转变。一手挽住衰老了的颓废,教给他如何回到健全的欲望,一手又指给他欲望的幻灭。这诗中善与恶都是积极的,所以二者似相反而相成。我敢说《长安古意》的恶的方面比善的方面还有用。不要问卢照邻如何成功,只看庾信是如何失败的。欲望本身不是什么坏东西。如果它走入了歧途,只有疏导一法可以挽救,壅塞是无效的。庾信对于宫体诗的态度,是一味的矫正,他仿佛是要以非宫体代宫体。反之,卢照邻只要以更有力的宫体诗救宫体诗,他所争的是有力没有力,不是宫体不宫体。甚至你说他的方法是以毒攻毒也行,反正他是胜利了。有效的方法不就是对的方法吗?

矛盾就是人性,诗人作诗本不必对自己的行为负责。原来《长安古意》的"年年岁岁一床书",只是一句诗而已。即令作诗时事实如此,大概不久以后,情形就完全变了,骆宾王的《艳情代郭氏答卢照邻》便是铁证。故事是这样的:照邻在蜀中有一个情妇郭氏,正当她有孕时,照邻因事要回洛阳去,临行相约不久回来正式成婚。谁知他一去两年不返,而且在三川有了新人。这时她望他的音信既望不到,孩子也丢了。"悲鸣五里无人问,肠断三声谁为续"!除了骆宾王给寄首诗去替她申一回冤,这悲剧又能有什么更适合的收场呢?一个生成哀艳的传奇故事,可惜骆宾王没赶上蒋防、李公佐的时代。我的意思是:故事最适宜于小说,而作者手头却只有一个诗的形式可供采用。这试验也未尝不可作,然而他偏偏又忘记了《孔雀东南飞》的典型。凭一枝作判词的笔锋(这是他的当行),他只草就了一封韵语的书札而已。然而是试验,就值得钦佩。骆宾王的失败,不比李百药的成功有价值吗?他至少也替《秦妇吟》垫过路。

这以"一抔之土未干,六尺之孤何托",教历史上第一位英威的女性破胆的文士,天生一副侠骨,专喜欢管闲事,打抱不平、杀人报仇、革命、帮痴心女子打负心汉,都是他干的。《代女道士王灵妃赠道士李荣》里没讲出具体的故事来,但我们猜得到一半,还不是卢郭公案那一类的纠葛?李荣是个有才名的道士。(见《旧唐书·儒学·罗道琮传》,卢照邻也有过诗给他)故事还是发生在蜀中,李荣往长安去了,也是许久不回来,王灵妃急了,又该骆宾王给去信促驾了。不过这回的信却写得比较像首诗。其所以然,倒不在

  梅花如雪柳如丝,年去年来不自持,初言别在寒偏在,何悟春来春更思。

一类响亮句子,而是那一气到底而又缠绵往复的旋律之中,有着欣欣向荣的情绪。《代女道士王灵妃赠道士李荣》的成功,仅次于《长安古意》。

  和卢照邻一样,骆宾王的成功,有不少成分是仗着他那篇幅的。上文所举过的二人的作品,都是宫体诗中的云冈造象,而宾王尤其好大成癖(这可以他那以赋为诗的《帝京篇》《畴昔篇》为证)。从五言四句的《自君之出矣》,扩充到卢骆二人洋洋洒洒的巨篇,这也是宫体诗的一个剧变。仅仅篇幅大,没有什么,要紧的是背面有厚积的力量撑持着。这力量,前人谓之"气势",其实就是感情。有真实感情,所以卢骆的来到,能使人们麻痹了百余年的心灵复活。有感情,所以卢骆的作品,正如杜甫所预言的,"不废江河万古流"。

  从来没有暴风雨能够持久的。果然持久了,我们也吃不消,所以我们要它适可而止。因为,它究竟只是一个手段,打破郁闷烦躁的手段;也只是一个过程,达到雨过天青的过程。手段的作用是有时效的,过程的时间也不宜太长,所以在宫体诗的园地

上,我们很侥幸的碰见了卢骆,可也很愿意能早点离开他们,——为的是好和刘希夷会面。

> 古来容光人所羡,况复今日遥相见?愿作轻罗著细腰,愿为明镜分娇面。(《公子行》)

这不是什么十分华贵的修辞,在刘希夷也不算最高的造诣。但在宫体诗里,我们还没听见过这类的痴情话。我们也知道他的来源是《同声诗》和《闲情赋》。但我们要记得,这类越过齐梁,直向汉晋人借贷灵感,在将近百年以来的宫体诗里也很少人干过呢!

> 与君相向转相亲,与君双栖共一身,愿作贞松千岁古,谁论芳槿一朝新!百年同谢西山日,千秋万古北邙尘。(《公子行》)

这连同它的前身——杨方《合欢》诗,也不过是常态的,健康的爱情中,极平凡,极自然的思念,谁知道在宫体诗中也成为了不得的稀世的珍宝。回返常态确乎是刘希夷的一个主要特质,孙翌编《正声集》时把刘希夷列在卷首,便已看出这一点来了。看他即便哀艳到如:

> 自怜妖艳姿,妆成独见时,愁心伴杨柳,春尽乱如丝。(《春女行》)

> 携笼长叹息,逶迤恋春色,看花若有情,倚树疑无力。薄暮思悠悠,使君南陌头,相逢不相识,归去梦青楼。(《采桑》)

也从没有不归于正的时候。感情返到正常状态是宫体诗的又一重大阶段。唯其如此,所以烦躁与紧张都消失了,只剩下一片晶莹的宁静。就在此刻,恋人才变成诗人,憬悟到万象的和谐,与那一水一石一草一木的神秘的不可抵抗的美,而不禁受创似的哀叫出来:

> 可怜杨柳伤心树!可怜桃李断肠花!(《公子行》)

但正当他们叫着"伤心树"、"断肠花"时,他已从美的暂促性中认识了那玄学家所谓的"永恒"——一个最缥缈,又最实在,令人惊喜,又令人震怖的存在,在它面前一切都变渺小了,一切都没有了。自然认识了那无上的智慧,就在那彻悟的一刹那间,恋人也就是变成哲人了,

> 洛阳城东桃李花,飞来飞去落谁家?洛阳女儿好颜色,坐见落花长叹息:——今年花落颜色改,明年花开复谁在!……古人无复洛城东,今人还对落花风,年年岁岁花相似,岁岁年年人不同。(《代悲白头翁》)

相传刘希夷吟到"今年花落……"二句时,吃一惊,吟到"年年岁

岁……"二句，又吃一惊。后来诗被宋之问看到，硬要让给他，诗人不肯，就生生的被宋之问用土囊压死了。于是诗谶就算验了。编故事的人的意思，自然是说，刘希夷泄露了天机，论理该遭天谴。这是中国式的文艺批评，隽永而正确，我们在千载之下，不能，也不必改动它半点，不过我们可以用现代语替它诠释一遍，所谓泄露天机者，便是悟到宇宙意识之谓。从蜣螂转丸式的宫体诗一跃而到庄严的宇宙意识，这可太远了，太惊人了！这时的刘希夷实已跨近了张若虚半步，而离绝顶不远了。

如果刘希夷是卢骆的狂风暴雨后宁静爽朗的黄昏，张若虚便是风雨后更宁静更爽朗的月夜。《春江花月夜》本用不着介绍，但我们还是忍不住要谈谈。就宫体诗发展的观点看，这首诗，尤有大谈的必要。

　　春江潮水连海平，海上明月共潮生，滟滟随波千万里，何处春江无月明！江流宛转绕芳甸，月照花林皆似霰，空里流霜不觉飞，汀上白沙看不见。

在这种诗面前，一切的赞叹是饶舌，几乎是亵渎。它超过了一切的宫体诗有多少路程的距离，读者们自己也知道。我认为用得着一点诠明的倒是下面这几句：

　　……江畔何人初见月？江月何年初照人？人生代代无穷已，江月年年只相似，不知江月待何人？但见长江送流水！

更迥绝的宇宙意识！一个更深沉，更寥廓，更宁静的境界！在神奇的永恒前面，作者只有错愕，没有憧憬，没有悲伤。从前卢照邻指点出"昔时金阶白玉堂，即今唯见青松在"时，或另一个初唐诗人——寒山子更尖酸的吟着"未必长如此，芙蓉不耐寒"时，那都是站在本体旁边凌视现实。那态度我以为太冷酷，太傲慢，或者如果你愿意，也可以带点狐假虎威的神气。在相反的方向，刘希夷又一味凝视着"以有涯随无涯"的徒劳，而徒劳的为它哀毁着，那又未免太萎靡，太怯懦了。只张若虚这态度不亢不卑，冲融和易才是最纯正的，"有限"与"无限"，"有情"与"无情"——诗人与"永恒"猝然相遇，一见如故，于是谈开了——"江畔何人初见月？江月何年初照人？……江月年年只相似，不知江月待何人"？对每一问题，他得到的仿佛是一个更神秘的更渊默的微笑，他更迷惘了，然而也满足了。于是他又把自己的秘密倾吐给那缄默的对方：

  白云一片去悠悠，青枫浦上不胜愁，

因为他想到她了，那"妆镜台"边的"离人"。他分明听见她的叹唱：

  此时相望不相闻，愿逐月华流照君！

他说自己很懊悔，这飘荡的生涯究竟到几时为止！

昨夜闲潭梦落花,可怜春半不还家,——江水流春去欲尽,江潭落月复西斜!

他在怅惘中,忽然记起飘荡的许不只他一人,对此清景,大概旁人,也只得徒唤奈何罢?

　　斜月沈沈藏海雾,碣石潇湘无限路,不知乘月几人归,落月摇情满江树!

这里一番神秘而又亲切的,如梦境的晤谈,有的是强烈的宇宙意识,被宇宙意识升华过的纯洁的爱情,又由爱情辐射出来的同情心,这是诗中的诗,顶峰上的顶峰。从这边回头一望:连刘希夷都是过程了,不用说卢照邻和他的配角骆宾王,更是过程的过程。至于那一百年间梁陈隋唐四代宫廷所遗下的那份最黑暗的罪孽,有了《春江花月夜》这样一首宫体诗,不也就洗净了吗?向前替宫体诗赎清了百年的罪,因此,向后也就和另一个顶峰陈子昂分工合作,清除了盛唐的路,——张若虚的功绩是无从估计的。

　　　　　　　　　　　　卅年八月二十二日陈家营
　　　　　　　　　　　　原载《当代评论》第十期

四　杰

继承北朝系统而立国的唐朝的最初五十年,本是一个尚质的时期,王杨卢骆都是文章家,"四杰"这徽号,如果不是专为评文而设的,至少它的主要意义是指他们的赋和四六文。谈诗而称四杰,虽是很早的事,究竟只能算借用。是借用,就难免有"削足适履"和"挂一漏万"的毛病了。

按通常的了解,诗中的四杰是唐诗开创期中负起了时代使命的四位作家,他们都年少而才高,官小而名大,行为都相当浪漫,遭遇尤其悲惨(四人中三人死于非命)——因为行为浪漫,所以受尽了人间的唾骂,因为遭遇悲惨,所以也赢得了不少的同情。依这样一个概括,简明,也就是肤廓的了解,"四杰"这徽号是满可以适用的,但这也就是它的适用性的最大限度。超过了这限度,假如我们还问到:这四人集团中每个单元的个别情形,和相互关系,尤其他们在唐诗发展的路线网里,究竟代表着哪一条,或数条线,和这线在网的整个体系中所担负的任务——假如问到这些方面,"四杰"这徽号的功用与适合性,马上就成问题了。因为诗中的四杰,并非一个单纯的、统一的宗派,而是一个大宗中包孕着两个小宗，而两小宗之间，同点恐怕还不如异点多，因之，在讨论问题时，"四杰"这名词所能给我们的方便，恐怕也不如纠葛多。数字是个很方便的东西，也是个很麻烦的东西。既在某一观点下凑成了一个数目，就不能由你在另一观点下随便拆开它。不能拆开，又不能废弃它，所以就麻烦了。"四杰"这徽号，我们不能，也不想废弃，可是我承认我是抱着"息事宁人"的苦衷来接受它的。

四杰无论在人的方面，或诗的方面，都天然形成两组或两派。先从人的方面讲起。

将四人的姓氏排成"王杨卢骆"这特定的顺序，据说寓有品第文章的意义，这是我们熟知的事实。但除这人为的顺序外，好像还有一个自然的顺序，也常被人采用——那便是序齿的顺序。我们疑心张说《裴公神道碑》"在选曹见骆宾王、卢照邻、王勃、杨炯"，和郗云卿《骆丞集序》"与卢照邻、王勃、杨炯文词齐名"，乃至杜诗"纵使卢王操翰墨"等语中的顺序，都属于这一类。严格的序齿应该是卢骆王杨，其间卢骆一组，王杨一组，前者比后者平均大了十岁的光景。然则卢骆的顺序，在上揭张郗二文里为什么都颠倒了呢？郗序是为了行文的方便，不用讲。张碑，我想是为了心理的缘故，因为骆与裴（行俭）交情特别深，为裴作碑，自然首先想起骆来。也许骆赴选曹本在先，所以裴也先见到他。果然如此，则先骆后卢，是采用了另一事实作标准。但无论依哪个标准说，要紧的还是在张郗两文里，前二人（骆卢）与后二人（王杨）之间的一道鸿沟（即平均十岁左右的差别）依然存在。所以即使张碑完全用的另一事实——赴选的先后作为标准，我们依然可以说，王杨赴选在卢骆之后，也正说明了他们年龄小了许多。实在，卢骆与王杨简直可算作两辈子人。据《唐会要》卷八二，"显庆二年，诏徵太白山人孙思邈入京，卢照邻、宋令文、孟诜皆执师赞之礼"。令文是宋之问的父辈，而之问是杨炯同寮的好友。卢与之问的父亲同辈，而杨与之问本人同辈，那么卢与杨岂不是不能同辈了吗？明白了这一层，杨炯所谓"愧在卢前，耻居王后"，便有了确解。杨年纪比卢小得多，名字反在卢前，有愧不敢当之感，所以说"愧在卢前"，反之，他与王多分是同年，名字在王后，说"耻居王后"，正是不甘心的意思。

比年龄的距离更重要的一点，便是性格的差异。在性格上四杰也天然形成两种类型，卢骆一类，王杨一类。诚然，四人都是历史上著名的"浮躁浅露"不能"致远"的殷鉴，每人"丑行"的事例，都被谨慎的保存在史乘里了，这里也毋庸赘述。但所谓"浮躁浅露"者，也有程度深浅的不同。杨炯，相传据裴行俭说，比较"沉静"。其实王勃，除擅杀官奴那不幸事件外（杀奴在当时社会上并非一件太不平常的事），也不能算过分的"浮躁"。一个人在短短二十八年的生命里，已经完成了这样多方面的一大堆著述：

  《舟中纂序》五卷，《周易发挥》五卷，《次论语》十卷，《汉书指瑕》十卷，《大唐千岁历》若干卷，《黄帝八十一难经注》若干卷，《合论》十卷，《续文中子书序诗序》若干篇，《玄经传》若干卷，《文集》三十卷。

能够浮躁到哪里去呢？同王勃一样，杨炯也是文人而兼有学者倾向的，这满可以从他的《天文大象赋》和《驳孙茂道苏知几冕服议》中看出。由此看来，王杨的性格确乎相近。相应的，卢骆也同属于另一类型，一种在某项观点下真可目为"浮躁"的类型。久历边塞而屡次下狱的博徒革命家骆宾王不用讲了，看《穷鱼赋》和《狱中学骚体》，卢照邻也不像是一个安分的分子。骆宾王在《艳情代郭氏答卢照邻》里，便控告过他的薄倖。然而按骆宾王自己的口供，

> 但使封侯龙额贵，讵随中妇凤楼寒？

他原也是在英雄气概的烟幕下实行薄倖而已。看《忆蜀地佳人》一类诗，他并没有少给自己制造薄倖的机会。在这类事上，卢骆恐怕还是一丘之貉。最后，卢照邻那悲剧型的自杀，和骆宾王的慷慨就义，不也还是一样？同是用不平凡的方式自动地结束了不平凡的一生，只是一悱恻，一悲壮，各有各的姿态罢了。

这几乎是不可避免的发展：由年龄的两辈，和性格的两类型，到友谊的两个集团。果然，卢骆二人的交情，可凭骆的《艳情代郭氏答卢照邻》诗来坐实，而王杨的契合，则有王的《秋日饯别序》和杨的《王勃集序》可证。反之，卢或骆与王或杨之间，就看不出这样紧凑的关系来。就现存各家集中所可考见的说，卢王有两首同题分韵的诗，卢杨有一首同题同韵的诗，可见他们两辈人确乎在文酒之会中常常见面。可是太深的交情，恐怕谈不到。他们绝少在作品里互相提到彼此的名字，有之，只杨在《王勃集

序》中说到一次"薛令公朝右文宗,托末契而推一变;卢照邻人间才杰,览清规而辍九攻",这反足以证明卢骆与王杨属于两个壁垒,虽则是两个对立而仍不失为友军的壁垒。

于是,我们便可谈到他们——卢骆与王杨——另一方面的不同了。年龄的不同辈,性格的不同类型,友谊的不同集团,和作风的不同派,这些不也正是一贯的现象吗?其实,不待知道"人"方面的不同,我们早就应该发觉"诗"方面的不同了。假如不受传统名词的蒙蔽,我们早就该惊讶,为什么还非维持这"四"字不可,而不仿"前七子"、"后七子"的例,称卢骆为"前二杰",王杨为"后二杰"?难道那许多迹象,还不足以证明他们两派的不同吗?

首先,卢骆擅长七言歌行,王杨专工五律,这是两派选择形式的不同。当然卢骆也作五律,甚至大部分篇什还是五律,而王杨一派中至少王勃也有些歌行流传下来,但他们的长处决不在这些方面。像卢集中的

> 风摇十洲影,日乱九江文(《赠李荣道士》)。
> 川光摇水箭,山气上云梯(《山庄休沐》)。

和骆集中这样的发端

> 故人无与晤,安步陟山椒……(《冬日野望》)。

在那贫乏的时代,何尝不是些夺目的珍宝?无奈这些有句无章

的篇什,除声调的成功外,还是没有超过齐梁的水准。骆比较有些"完璧",如《在狱咏蝉》之类,可是又略无警策。同样,王的歌行,除《滕王阁歌》外,也毫不足观。便说《滕王阁歌》,和他那典丽凝重,与凄情流动的五律比起来,又算得了什么呢!

杜甫《戏为六绝句》第三首说"纵使卢王操翰墨,劣于汉魏近《风》《骚》。"这里是以卢代表卢骆,王代表王杨,大概不成问题。至于"劣于汉魏近《风》《骚》",假如可以解作王杨"劣于汉魏",卢骆"近《风》《骚》",倒也有它的妙处,因为卢骆那用赋的手法写成的粗线条的宫体诗,确乎是《风》《骚》的余响,而王杨的五言,虽不及汉魏,却越过齐梁,直接上晋宋了。这未必是杜诗的原意,但我们不妨借它的启示来阐明一个真理。

卢骆与王杨选择形式不同,是由于他们两派的使命不同。卢骆的歌行,是用铺张扬厉的赋法膨胀过了的乐府新曲,而乐府新曲又是宫体诗的一种新发展,所以卢骆实际上是宫体诗的改造者。他们都曾经是两京和成都市中的轻薄子,他们的使命是以市井的放纵改造宫廷的堕落,以大胆代替羞怯,以自由代替局缩,所以他们的歌声需要大开大阖的节奏,他们必需以赋为诗。正如宫体诗在卢骆手里是由宫廷走到市井,五律到王杨的时代是从台阁移至江山与塞漠。台阁上只有仪式的应制,有"缔句绘章,揣合低印"。到了江山与塞漠,才有低徊与怅惘,严肃与激昂,例如王的《别薛昇华》、《送杜少府之任蜀州》和杨的《从军行》、《紫骝马》一类的抒情诗。抒情的形式,本无须太长,五言八句似乎恰到好处。前乎王杨,尤其应制的作品,五言长律用的还相当多。这是该注意的!五言八句的五律,到王杨才正式成为定型,同时完整的真正唐音的抒情诗也是这时才出现的。

将卢骆与王杨对照着看,真是一个说不尽的话题。我在旁处曾说明过从卢骆到刘(希夷)张(若虚)是一贯的发展,现在还要点醒,王杨与沈宋也是一脉相承。李商隐早无意的道着了秘密:

> 沈宋裁辞矜变律,王杨落笔得良朋,当时自谓宗师妙,今日惟观属对能。(《漫成章》)

以沈宋与王杨并举,实在是最自然,最合理的看法。"律"之"变",本来在王杨手里已经完成了,而沈宋也是"落笔得良朋"的妙手。并且我们已经提过,杨炯和宋之问是好朋友。如果我们再知道他们是好到如之问《祭杨盈川文》所说的那程度,我们便更能了然于王杨与沈宋所以是一脉相承之故。老实说,就奠定五律基础的观点看,王杨与沈宋未尝不可视为一个集团,因此也有资格承受"四杰"的徽号,而卢骆与刘张也同样有理由,在改良宫体诗的观点下,被称为另一组"四杰"。一定要墨守着先入为主的传统观点,只看见"王杨卢骆"之为四杰,而抹煞了一切其他的观点,那只是拘泥,顽冥,甘心上传统名词的当罢了。

将卢骆与王杨分别的划归了刘张与沈宋两个集团后,再比较一下刘张与沈宋在唐诗中的地位,便也更能了解卢骆与王杨的地位了。五律无疑是唐诗最主要的形式,在那时人心目中,五律才是诗的正宗。沈宋之被人推重,理由便在此。按时人安排的顺序,王杨的名字列在卢骆之上,也正因他们的贡献在五律,何况王杨的五律是完全成熟了的五律,而卢骆的歌行还不免于草率、粗俗的"轻薄为文"呢?论内在价值,当然王杨比卢骆高。然而,我们不要忘记卢骆曾用以毒攻毒的手段,凭他们那新式宫体诗,一举摧毁了旧式的"江左余风"的宫体诗,因而给歌行芟除了芜秽,开出一条坦途来。若没有卢骆,哪会有刘张,哪会有《长恨歌》、《琵琶行》、《连昌宫词》和《秦妇吟》,甚至于李杜高岑呢?看来,在文学史上,卢骆的功绩并不亚于王杨。后者是建设,前者是破坏,他们各有各的使命。负破坏使命的,本身就得牺牲,所以失败就是他们的成功。人们都以成败论事,我却愿向失败的英雄们多寄予点同情。

原载《世界学生》二卷七期

孟浩然（689—740）

当年孙润夫家所藏王维画的孟浩然像，据《韵语阳秋》的作者葛立方说，是个很不高明的摹本，连所附的王维自己和陆羽、张洎等三篇题识，据他看，也是一手摹出的。葛氏的鉴定大概是对的，但他并没有否认那"俗工"所据的底本——即张洎亲眼见到的孟浩然像，确是王维的真迹。这幅画，据张洎的题识说，

> 虽轴尘缣古，尚可窥览。观右丞笔迹，穷极神妙。襄阳之状颀而长，峭而瘦，衣白袍，靴帽重戴，乘款段马——一童总角，提书笈负琴而从——风仪落落，凛然如生。

这在今天，差不多不用证明，就可以相信是逼真的孟浩然。并不是说我们知道浩然多病，就可以断定他当瘦。实在经验告诉我们，什九人是当如其诗的。你在孟浩然诗中所意识到的诗人那身影，能不是"颀而长，峭而瘦"的吗？连那件白袍，恐怕都是天造地设，丝毫不可移动的成分。白袍靴帽固然是"布衣"孟浩然分内的装束，尤其是诗人孟浩然必然的扮相。编《孟浩然集》的

王士源应是和浩然很熟的人,不错,他在序文里用来开始介绍这位诗人的"骨貌淑清,风神散朗"八字,与夫陶翰《送孟六入蜀序》所谓"精朗奇素",无一不与画像的精神相合,也无一不与孟浩然的诗境一致。总之,诗如其人,或人就是诗,再没有比孟浩然更具体的例证了。

张祜曾有过"襄阳属浩然"之句,我们却要说:浩然也属于襄阳。也许正惟浩然是属于襄阳的,所以襄阳也属于他。大半辈子岁月在这里度过,大多数诗章是在这地方、因这地方、为这地方而写的。没有第二个襄阳人比孟浩然更忠于襄阳,更爱襄阳的。晚年漫游南北,看过多少名胜,到头还是

山水观形胜,襄阳美会稽。

实在襄阳的人杰地灵,恐怕比它的山水形胜更值得人赞美。从汉阴丈人到庞德公,多少令人神往的风流人物,我们简直不能想像一部《襄阳耆旧传》,对于少年的孟浩然是何等深厚的一个影响。了解了这一层,我们才可以认识孟浩然的人,孟浩然的诗。

隐居本是那时代普遍的倾向,但在旁人仅仅是一个期望,至多也只是点暂时的调剂,或过期的赔偿,在孟浩然却是一个完完整整的事实。在构成这事实的复杂因素中,家乡的历史地理背景,我想,是很重要的一点。

在一个乱世,例如庞德公的时代,对于某种特别性格的人,入山采药,一去不返,本是惟一的出路。但生在"开元全盛日"的孟浩然,有那必要吗?然则为什么三番两次朋友伸过援引的手

来，都被拒绝，甚至最后和本州采访使韩朝宗约好了一同入京，到头还是喝得酩酊大醉，让韩公等烦了，一赌气独自先走了呢？正如当时许多有隐士倾向的读书人，孟浩然原来是为隐居而隐居，为着一个浪漫的理想，为着对古人的一个神圣的默契而隐居。在他这面，无疑的那成立默契的对象便是庞德公。孟浩然当然不能为韩朝宗背弃庞公。鹿门山不许他，他自己家园所在，也就是"庞公栖隐处"的鹿门山，决不许他那样做。

> 鹿门月照开烟树，忽到庞公栖隐处，岩扉松径长寂寥，惟有幽人自来去。

这幽人究竟是谁？庞公的精灵，还是诗人自己？恐怕那时他自己也分辨不出，因为心理上他早与那位先贤同体化了。历史的庞德公给了他启示，地理的鹿门山给了他方便，这两项重要条件具备了，隐居的事实便容易完成得多了。实在，鹿门山的家园早已使隐居成为既成事实，只要念头一转，承认自己是庞公的继承人，此身便俨然是《高士传》中的人物了。总之，是襄阳的历史地理环境促成孟浩然一生老于布衣的。孟浩然毕竟是襄阳的孟浩然。

我们似乎为奖励人性中的矛盾，以保证生活的丰富，几千年来一直让儒道两派思想维持着均势，于是读书人便永远在一种心灵的僵局中折磨自己，巢由与伊皋，江湖与魏阙，永远矛盾着，冲突着，于是生活便永远不谐调，而文艺也便永远不缺少题材。矛盾是常态，愈矛盾则愈常态。今天是伊皋，明天是巢由，后天又是伊皋，这是行为的矛盾。当巢由时向往着伊皋，当了伊皋，又不能忘怀于巢由，这是行为与感情间的矛盾。在这双重矛盾的夹缠中打转，是当时一般的现象。反正用诗一发泄，任何矛盾都注销了。诗是唐人排解感情纠葛的特效剂，说不定他们正因有诗作保障，才敢于放心大胆地制造矛盾，因而那时代的矛盾人格才特别多。自然，反过来说，矛盾愈深愈多，诗的产量也愈大了。孟浩然一生没有功名，除在张九龄的荆州幕中当过一度清客外，也没有半个官职，自然不会发生第一项矛盾问题。但这似乎就是他的一贯性的最高限度。因为虽然身在江湖，他的心并没有完全忘记魏阙。下面不过是许多显明例证中之一：

欲济无舟楫，端居耻圣明，坐观垂钓者，徒有羡鱼情。

然而"羡鱼"毕竟是人情所难免的，能始终仅仅"临渊羡鱼"，而并不"退而结网"，实在已经是难得的一贯了。听李白这番热情的赞叹，便知道孟浩然超出他的时代多么远：

吾爱孟夫子，风流天下闻，红颜弃轩冕，白首卧松云，醉月频中圣，迷花不事君，高山安可仰，徒此挹清芬。

可是我们不要忘记矛盾与诗的因果关系，许多诗是为给生活的矛盾求统一，求调和而产生的。孟浩然既免除了一部分矛盾，对于他，诗的需要便当减少了。果然，他的诗是不多，量不多，质也不多。量不多，有他的同时人作见证，杜甫讲过的："吾怜孟浩然……赋诗虽不多,往往凌鲍谢。"质不多,前人似乎也早已见到。苏轼曾经批评他"韵高而才短,如造内法酒手,而无材料"。这话诚如张戒在《岁寒堂诗话》里所承认的,是说尽了孟浩然,但也要看才字如何解释。才如果是指才情与才学二者而言,那就对了,如果专指才学,还算没有说尽。情当然比学重要得多。说一个人的诗缺少情的深度和厚度,等于说他的诗的质不够高。孟浩然诗中质高的有是有些,数量总是太少。"气蒸云梦泽,波撼岳阳城"式的和"微云淡河汉,疏雨滴梧桐"式的句子,在集中几乎都找不出第二个例子。论前者,质和量当然都不如杜甫,论后者,至少在量上不如王维。甚至"不材明主弃,多病故人疏",质量都不如刘长卿和十才子。这些都不是真正的孟浩然。真孟浩然不是将诗紧紧地筑在一联或一句里,而是将它冲淡了,平均的分散在全篇中:

> 出谷未停午,到家日已曛。回瞻下山路,但见牛羊群。樵子暗相失,草虫寒不闻。衡门犹未掩,伫立望夫君。

甚至淡到令你疑心到底有诗没有。

> 垂钓坐盘石,水清心亦闲。鱼行潭树下,猿挂岛藤间。游女昔解佩,传闻于此山,求之不可得,沼月棹歌还。

淡到看不见诗了,才是真正孟浩然的诗,不,说是孟浩然的诗,倒不如说是诗的孟浩然,更为准确。在许多旁人,诗是人的精华,在孟浩然，诗纵非人的糟粕，也是人的剩余。在最后这首诗里，孟浩然几曾做过诗？他只是谈话而已。甚至要紧的还不是那些话，而是谈话人的那副"风神散朗"的姿态。读到"求之不可得，沼月棹歌还"，我们得到一如张洎从画像所得到的印象，"风仪落落，凛然如生"。得到了像，便可以忘言，得到了"诗的孟浩然"便可以忘掉"孟浩然的诗"了。这是我们前面所提到的"诗如其人"或"人就是诗"的另一解释。

超过了诗也好，够不上诗也好，任凭你从环子的哪一点看起。反正除了孟浩然，古今并没有第二个诗人到过这境界。东坡说他没有才，东坡自己的毛病，就在才太多。

> 庄子笑曰："周将处乎材与不材之间。材与不材之间，似之而非也，故未免乎累。"

谁能了解庄子的道理，就能了解孟浩然的诗，当然也得承认那点"累"。至于"似之而非"，而又能"免乎累"，那除陶渊明，还有谁呢？

原载《大国民报》

贾岛（779—843）

这像是元和长庆间诗坛动态中的三个较有力的新趋势。这边老年的孟郊，正哼着他那沙涩而带芒刺感的五古，恶毒地咒骂世道人心，夹在咒骂声中的，是卢仝、刘叉的"插科打诨"和韩愈的宏亮的嗓音，向佛老挑衅。那边元稹、张籍、王建等，在白居易的改良社会的大纛下，用律动的乐府调子，对社会泣诉着他们那各阶层中病态的小悲剧。同时远远的，在古老的禅房或一个小县的廨署里，贾岛、姚合领着一群青年人做诗，为各人自己的出路，也为着癖好，做一种阴黯情调的五言律诗（阴黯由于癖好，五律为着出路）。

老年中年人忙着挽救人心，改良社会，青年人反不闻不问，只顾躲在幽静的角落里做诗，这现象现在看来不免新奇，其实正是旧中国传统社会制度下的正常状态。不像前两种人，或已"成名"，或已通籍，在权位上有说话做事的机会和责任，这般没功名，没宦籍的青年人，在地位上职业上可说尚在"未成年"时期，种种对国家社会的崇高责任是落不到他们肩上的。越俎代庖的行为是情势所不许的，所以恐怕谁也没想到那头上来。有抱负也好，没有也好，一个读书人生在那时代，总得做诗。做诗才有希望爬过第一层进身的阶梯。诗做到合乎某种程式，如其时运也凑巧，果然溷得一"第"，到那时，至少在理论上你才算在社会中"成年"了，才有说话做事的资格。否则万一你的诗做得不及或超过了程式的严限，或诗无问题而时运不济，那你只好做一辈子的诗，为责任做诗以自课，为情绪做诗以自遣。贾岛便是在这古怪制度之下被牺牲，也被玉成了的一个。在这种情形下，你若还怪他没有服膺孟郊到底，或加入白居易的集团，那你也可算不识时务了。

贾岛和他的徒众，为什么在别人忙着救世时，自己只顾做诗，我们已经明白了；但为什么单做五律呢？这也许得再说明一下。孟郊等为便于发议论而做五古，白居易等为讲故事而做乐府，都是为了各自特殊的目的，在当时习惯以外，匠心地采取了各自特殊的工具。贾岛一派人则没有那必要。为他们起见，当时最通行的体裁——五律就够了。一则五律与五言八韵的试帖最近，做五律即等于做功课，二则为拈拾点景物来烘托出一种情调，五律也正是一种标准形式。然而做诗为什么老是那一套阴霾、凛冽、峭硬的情调呢？我们在上文说那是由于癖好，但癖好又是如何形成的呢？这点似乎尤其重要。如果再明白了这点，便明白了整个的贾岛。

我们该记得贾岛曾经一度是僧无本。我们若承认一个人前半辈子的蒲团生涯，不能因一旦返俗，便与他后半辈子完全无关，则现在的贾岛，形貌上虽然是个儒生，骨子里恐怕还有个释子在。所以一切属于人生背面的、消极的、与常情背道而驰的趣

味,都可溯源到早年在禅房中的教育背景。早年记忆中

> 坐学白骨塔,

或

> 三更两鬓几枝雪,一念双峰四祖心,

的禅味,不但是

> 独行潭底影,数息树边身,
> ……
> 月落看心次,云生闭目中,

一类诗境的蓝本,而且是

> 瀑布五千仞,草堂瀑布边,
> ……
> 孤鸿来夜半,积雪在诸峰,

甚至

> 怪禽啼旷野,落日恐行人

的渊源。他目前那时代——一个走上了末路的，荒凉，寂寞，空虚，一切罩在一层铅灰色调中的时代，在某种意义上与他早年记忆中的情调是调和，甚至一致的。惟其这时代的一般情调，基于他早年的经验，可说是先天的与他不但面熟，而且知心，所以他对于时代，不至如孟郊那样愤恨，或白居易那样悲伤，反之，他却能立于一种超然地位，藉此温寻他的记忆，端详它，摩挲它，仿佛一件失而复得的心爱的什物样。早年的经验使他在那荒凉得几乎狞恶的"时代相"前面，不变色，也不伤心，只感着一种亲切，融洽而已。于是他爱静，爱瘦，爱冷，也爱这些情调的象征——鹤、石、冰雪。黄昏与秋是传统诗人的时间与季候，但他爱深夜过于黄昏，爱冬过于秋。他甚至爱贫、病、丑和恐怖。他看不出

　　鹦鹉惊寒夜唤人

句一定比

　　山雨滴栖鹀

更足以令人关怀，也不觉得

　　牛羊识僮仆，既夕应传呼，

较之

> 归吏封宵钥，行蛇入古桐

更为自然。也不能说他爱这些东西。如果是爱，那便太执著而邻于病态了。（由于早年禅院的教育，不执著的道理应该是他早已懂透了的。）他只觉得与它们臭味相投罢了。更说不上好奇。他实在因为那些东西太不奇，太平易近人，才觉得它们"可人"，而喜欢常常注视它们。如同一个三棱镜，毫无主见地准备接受并解析日光中各种层次的色调，无奈"世纪末"的云翳总不给他放晴，因此他最热闹的色调也不过

> 杏园啼百舌，谁醉在花傍！
> ……
> 身事岂能遂？兰花又已开，

和

> 柳转斜阳过水来

之类。常常是温馨与凄清糅合在一起，

> 芦苇声兼雨，芰荷香绕灯，

春意留恋在严冬的边缘上，

> 旧房山雪在,春草岳阳生。

他瞥见的"月影"偏偏不在花上而在"蒲根","栖鸟"不在绿杨中而在"棕花上"。是点荒凉感,就逃不脱他的注意,哪怕琐屑到:

> 湿苔粘树瘦。

以上这些趣味,诚然过去的诗人也偶尔触及到,却没有如今这样大量的,彻底的被发掘过,花样、层次也没有这样丰富。我们简直无法想象他给与当时人的,是如何深刻的一个刺激。不,不是刺激,是一种酣畅的满足。初唐的华贵,盛唐的壮丽,以及最近十才子的秀媚,都已腻味了,而且容易引起一种幻灭感。他们需要一点清凉,甚至一点酸涩来换换口味。在多年的热情与感伤中,他们的感情也疲乏了。现在他们要休息。他们所熟悉的禅宗与老庄思想也这样开导他们。孟郊、白居易鼓励他们再前进。眼看见前进也是枉然,不要说他们早已声嘶力竭。况且有时在理论上就释道二家的立场说,他们还觉得"退"才是正当办法。正在苦闷中,贾岛来了,他们得救了,他们惊喜得像发现了一个新天地,真的,这整个人生的半面,犹如一日之中有夜,四时中有秋冬,——为什么老被保留着不许窥探?这里确乎是一个理想的休息场所,让感情与思想都睡去,只感官张着眼睛往有清凉色调的地带涉猎去。

> 叩齿坐明月,搘颐望白云。

休息又休息。对了,惟有休息可以驱除疲惫,恢复气力,以便应付下一场的紧张。休息,这政治思想中的老方案,在文艺态度上可说是第一次被贾岛发现的。这发现的重要性可由它在当时及以后的势力中窥见。由晚唐到五代,学贾岛的诗人不是数字可以计算的,除极少数鲜明的例外,是向着词的意境与词藻移动的,其余一般的诗人大众,也就是大众的诗人,则全属于贾岛。从这观点看,我们不妨称晚唐五代为贾岛时代。① 他居然被崇拜到这地步:

> 李洞……酷慕贾长江,遂铜写岛像,戴之巾中,常持数珠念贾岛佛。人有喜贾岛诗者,洞必手录岛诗赠之,叮咛再四曰:"此无异佛经,归焚香拜之。"(《唐才子传》九)
>
> 南唐孙晟……尝画贾岛像,置于屋壁,晨夕事之。(《郡斋读书志》十八)

上面的故事,你尽可解释为那时代人们的神经病的象征,但从贾岛方面看,确乎是中国诗人从未有过的荣誉,连杜甫都不曾那样老实的被偶像化过;你甚至说晚唐五代之崇拜贾岛是他们那一个时代的偏见和冲动,但为什么几乎每个朝代的末叶都有回向贾岛的趋势? 宋末的四灵,明末的锺谭,以至清末的同光派,都是如此。不宁惟是,即宋代江西派在中国诗史上所代表的新阶

---

① 宋方岳《深雪偶谈》"贾阆仙……同时喻凫、顾非熊,继此张乔、张蠙、李频、刘得仁,凡晚唐诸子,皆于纸上北面,随其所得深浅,皆足以终其身而名后世。"

段,大部分不也是从贾岛那分遗产中得来的赢余吗?可见每个在动乱中灭毁的前夕都需要休息,也都要全部的接受贾岛,而在平时,也未尝不可以部分的接受他,作为一种调剂,贾岛毕竟不单是晚唐五代的贾岛,而是唐以后各时代共同的贾岛。

原载昆明《中央日报·文艺》第十八期

少陵先生年谱会笺

公姓杜氏，名甫，字子美。十三世祖晋当阳侯预，曾祖依艺，祖审言，祖母薛氏，父闲，母崔氏。预勋业学术，震耀千古，史载其言曰"德不可企及，立功立言，可庶几也"，其自负如此。依艺官监察御史，河南巩县令；审言修文馆学士，尚书膳部员外郎；闲朝议大夫，兖州司马，终奉天令。公《进雕赋表》曰"臣之近代陵夷，公侯之贵磨灭，鼎铭之勋，不复炤耀于明时"，良然。顾审言诗称初唐大家；审言从兄易简亦以文章有声于时，（按《旧书·文苑传》："易简……善著述，撰《御史台杂注》五卷，《文集》二十卷，行于代。"）杜氏立言之风，固不替也。故公献《三大礼赋》后，赠崔于二学士诗曰"儒术诚难起，家声庶已存"。

睿宗先天元年壬子（712）即景云三年，正月改元太极，五月改元延和。七月，立皇太子隆基为皇帝，以听小事，自尊为太上皇。八月，玄宗即位，改元先天。是年，巩县大水，坏城邑，损居民数百家（见《巩县志》）。孟浩然二十二岁；李白，王维并十三岁。王湾登进士第（见《唐诗纪事》及徐松《登科记考》)。张九龄擢"道侔伊吕"科(见《册府元龟》、《唐会要》)。玄宗即位,始置翰林院,延文章之士,下至僧道书画琴棋术数之工,皆处之,谓之待诏。按置翰林院,史不详何年,姑系于此。

　　公生于河南巩县。《河南府志》:"巩县东二里瑶湾,工部故里也。故巩城有康水,去瑶湾二十里,与逸事合。"(逸事详见后)又曰"康水,即康店南水。工部故里在瑶湾,去康店南二十里外。"考公族望,本出京兆杜陵,故每称"杜陵野老",《进封西岳赋表》云"臣本杜陵诸生也"。自六世祖叔毗,已为襄阳人。(《周书·叔毗传》:"其先京兆人,徙居襄阳。")曾祖依艺终河南巩县令,遂世居巩县。

玄宗开元元年癸丑(713)即先天二年,十二月改元。十月,幸新丰,讲武于骊山下。

　　公二岁

开元二年甲寅(714)正月,置教坊于蓬莱宫侧,上自教法曲,谓之"梨园弟子"(见《唐会要》、《雍录》)。七月,造兴庆宫。是年,王翰举"直言极谏"科,又举"超拔群类"科(见《唐才子传》)。

　　公三岁

开元三年乙卯(715)西域八国请降。

　　公四岁

开元四年丙辰(716)印度僧善无畏来华。

　　公五岁《万年县君墓志》曰"甫昔卧病于我诸姑,姑之子又病。问女巫,巫曰'处楹之东南隅者吉。'姑遂易子之地以安我,我用是存,而姑之子卒。后乃知之于走使"。卧病年次无可考。惟《志》云"后乃知之于走使",知时尚童稚,未解记事。公七岁吟诗,六岁观舞,皆留记忆,卧病要当在六七岁前,则无惑矣。姑列此以俟考。《进封西岳赋表》曰"是臣无负于少小多病,贫穷好学者已"。少小多病,殆指此耶?

开元五年丁巳(717)诏访逸书,选吏缮写,命尹知章等二十二人,于东都乾元殿前编校刊正,称"乾元院"。

公六岁。尝至郾城,观公孙大娘舞"剑器浑脱"。《观公孙大娘弟子舞剑器行》序曰"开元三载,余尚童稚,记于郾城观公孙氏舞'剑器浑脱'"。钱笺:"'三载'一作'五载',时公年六岁。公'七岁思即壮';六岁观剑,似无不可。诗云'五十年间似反掌',自开元五年,至是年(按大历二年),凡五十一年。"

开元六年戊午(718)改乾元院为丽正修书院。贾至生。

公七岁。始作诗文。《壮游》诗云"七龄思即壮,开口咏凤凰"。《奉赠鲜于京兆二十二韵》云"学诗犹孺子"。《进雕赋表》云"自七岁所缀诗笔,向四十载矣,约千有余篇"。

开元七年己未(719)《华严论》成。

公八岁

开元八年庚申(720)李思训卒(见李邕《云麾将军碑》)。印度金刚智、不空金刚来华。(按合善无畏称"开元三大师")

公九岁。始习大字。《壮游》诗云"九龄书大字,有作成一囊"。

开元九年辛酉(721)命僧一行造新历(即"大衍历"),梁令瓒造黄道游仪。

公十岁

开元十年壬戌(722)

公十一岁

开元十一年癸亥(723)四月,张说为中书令。十月,置温泉宫于骊山。是年,元结生。崔颢登进士第(见《唐才子传》)。初制《圣寿乐》,令诸女衣五方色衣,以歌舞之(见《教坊记》)。

公十二岁。广德元年,公五十二岁时,在梓州《送路六侍御入朝》诗曰"童稚情亲四十年"。路盖是公十二三时友伴。

开元十二年甲子(724)祖咏登进士第。(见《唐才子传》)

公十三岁

开元十三年乙丑(725)十月,作"水运浑天"成。十一月,封泰山;车驾还,幸孔子宅;过潞州金桥,御路萦转,上见数十里间,旗纛鲜洁,羽卫齐整,遂令吴道玄等三人合制《金桥图》。(见《开天传信记》)

公十四岁。《壮游》诗曰"往昔十四五,出游翰墨场,斯文崔魏徒,以我似班扬"。原注:"崔郑州尚,魏豫州启心。"

《江南逢李龟年》诗曰"岐王宅里寻常见,崔九堂前几度闻";原注"崔九,即殿中监崔涤,中书令湜之弟"。按岐王范、崔涤,并卒于开元十四年,则公始逢李龟年,在是年以前,今亦附记于此。黄鹤以为是时未有梨园弟子,公不得与龟年同游,因谓诗云"岐王"当指嗣岐王珍,"崔九堂前"乃崔氏旧堂。按《唐会要》:"开元二年,上以天下无事,听政之暇,于梨园自教法曲,必尽其妙,谓之'皇帝梨园弟子'"。《雍录》"开元二年,置教坊于蓬莱宫侧,上自教法曲,谓之'梨园弟子'"。公《剑器行序》亦云"自高头宜春梨园二伎坊内人,泊外供奉舞女,晓是舞者,圣文神武皇帝初,公孙一人而已";公观舞在开元五年(或作三年),时亦已有梨园之称,乃谓开元十四年无梨园弟子,何哉?考东都尚善坊有岐王范宅(见《唐两京城坊考》),崔氏亦有宅在东都(张说《荥阳夫人郑氏墓志铭》"终于雒阳之遵化里",郑氏即涤之母)。公天宝前,未尝至长安,其闻龟年歌,必在东都(公姑万年君居东都仁风里,幼时尝卧病于其家,或疑公母早亡,寄养于姑,虽近附会,然以巩洛咫尺之近,其常在东都,留居姑家,则可信也)。若云范、涤卒时,公才十五,前此龆龀之年,不得与于名公贵介之游;则不知十四五时,已出游翰墨场,与崔魏辈相周旋矣。且"脱略小时辈,结交皆老苍",复有《壮游》诗句,可以覆案。必谓天宝后,始得与龟年相见,失之泥矣。

《诗话类编》"杜甫十余岁,梦人令采文于康水。觉而问人,此水在二十里外。乃往求之,见峨冠童子告曰:'汝本文星典吏,天使汝下谪,为唐世文章,云诰已降,可于豆垅下取。'甫依其言,果得一石,有金字,文曰'诗王本在陈芳国,九夜扪之麟篆热,声振扶桑亨天国'。后因佩入葱市,归而飞火入室,有声曰'邂逅秽,吾令汝文而不贵'"。事本不经,聊赘于此,用资谈助耳。

开元十四年丙寅(726)四月,张说罢。是年,储光羲、崔国辅、綦

毋潜登进士第。(俱见《唐才子传》)

公十五岁。《百忧集行》曰"忆昔十五心尚孩,健如黄犊走复来,庭前八月梨枣熟,一日上树能千回"。

开元十五年丁卯(727)王昌龄、常建登进士第(并见《唐才子传》)。徐坚等纂《初学记》成(见《唐会要》)。

公十六岁

开元十六年戊辰(728)

公十七岁

开元十七年己巳(729)宋璟为尚书右丞相。

公十八岁

开元十八年庚午(730)十一月,张说薨。是年,释智升撰《开元释教录》,实我国佛教经录之总汇。

公十九岁。游晋,至郇瑕,今山西猗氏县。从韦之晋、寇锡游。《哭韦之晋》诗曰"凄怆郇瑕地,差池弱冠年"。《酬寇侍御》诗曰"往别郇瑕地,于今四十年"。朱鹤龄曰"郇瑕,晋地。公弱冠之时,尝游晋地;当是游晋后为吴越之游也"。按《酬寇侍御》诗鹤注曰"诗云'故泊洞庭船',当是大历五年潭州作,其云'春深把臂前',盖指去年之春"。大历五年,距开元十八年,适得四十年,知公游晋,实在十九岁时。前诗云"差池弱冠年",非必实指二十也。

开元十九年辛未(731)吐蕃求《毛诗》、《礼记》、《左传》、《文选》,以经书赐与之。王维入公主第,唱《郁轮袍》,并呈诗卷,大获嘉赏,寻举进士,遂以状元及第(事见《集异记》。《唐才子传》称维开元十九年进士,《旧书》作开元九年,《登科记考》

曰"按'九'上脱'十'字")。薛据同榜进士(见《唐才子传》)。王昌龄举"博学宏词"科。

公二十岁。游吴越。黄曰"公《进三大礼赋表》云'浪迹于陛下丰草长林,实自弱冠之年',则其游吴越,乃在开元十九年"。尝至江宁,与许八、旻上人同游,约当是年。《送许八归江宁》诗题曰"甫昔时尝客游此县,于许生处乞瓦棺寺《维摩》图样"(按《维摩诘图》晋顾恺之作)。《因许八寄旻上人》诗曰"不见旻公三十年。"又曰"旧来好事今能否?……棋局动随幽涧竹,袈裟忆上泛湖船"。二诗当是乾元元年作。鹤注:"游吴越在开元十九年,公方二十岁,至乾元元年,相距二十七年。曰'三十年'者,亦约略之词。"

开元二十年壬申(732)三月,信安王祎大破奚契丹于颭州。六月,遣范安及于长安广花萼楼,筑夹城,至芙蓉园(按《会要》作二十四年)。

公二十一岁。游吴越。

开元二十一年癸酉(733)十一月,宋璟致仕。十二月,张九龄同中书门下平章事。是年,上亲注《道德经》,令学者习之(见封演《见闻记》)。刘长卿登进士第(见《唐才子传》)。

公二十二岁。游吴越。

开元二十二年甲戌(734)五月,张九龄为中书令,李林甫同平章事。十二月,张守珪斩契丹王屈烈,及其大臣虞可汗,传首东都。是年,刺史韦济荐方士张果,诏以果为光禄大夫。王昌龄选宏词超绝群类(见《直斋书录解题》)。

公二十三岁。游吴越。

开元二十三年乙亥(735)十二月,册寿王妃杨氏。是年,李适之为河南尹(见公《皇甫淑妃碑》)。韦应物生。贾至、李颀登进士第(并见《唐才子传》);萧颖士、李华同榜进士(见《旧书·文苑传·韦述传》、《摭言》,及李华《寄赵十七侍御》诗注)。李白游太原。司马承祯化形于天台(见刘大彬《茅山志》)。玄宗注《老子》,并修《义疑》八卷,并制《开元文字音义》三十卷颁示公卿(见《唐会要》)。

公二十四岁。自吴越归东都,举进士,不第。黄曰"公本传'尝举进士,不第',故《壮游》诗云'归帆拂天姥,中岁贡旧乡;……忤下考功第,独辞京兆堂'"。按史:唐初考功郎掌贡举;至开元二十四年,考功郎李昂为举人诋诃,帝以员外郎望轻,徙礼部,以侍郎主之。则公下考功第,当在二十三年,盖唐制年年贡士也。《选举志》:"每年仲冬,州县馆监,举其成者,送之尚书省。"《上韦左丞》诗曰"甫昔少年日,早充观国宾"。鹤注:"其时年方二十余岁,宜自谓少年也。"《旧书·韦述传》:"萧颖士者,聪俊过人,富词学,有名于时;贾曾、席豫、张垍、韦述皆引为谈客;开元二十三年登进士第,考功员外郎孙逖称之于朝。"则知是年孙逖知贡举。又是年试场在福唐观。《太平广记》引《定命录》:"崔圆微时,欲举进士于县,见市令李含章云'君合武出身,官更不停,直至宰相。'开元二十三年,应将帅举科,又于河南府充乡贡进士。其日正于福唐观试,遇敕下,便于试场中唤将拜执戟,参谋河西军事。"按《唐两京城坊考》:福唐观,在崇业坊。李邕有《东都福唐观邓天师碣》。

开元二十四年丙子(736)五月,名僧义福卒,赐号大智禅师,七月,葬于伊阙之北,送葬者数万人,严挺之为作碑。十一月,张九龄罢,李林甫兼中书令,牛仙客同平章事。是年,于西京大明宫置集贤殿书院。(《唐两京城坊考》:"按西京之有书院,仿东都之制也。开元二十四年,驾在东都,张九龄遣直官魏先禄先入京造之。")吴道玄作《地狱变相图》。

公二十五岁。游齐赵。朱曰"按《壮游》诗'忤下考功第,独辞京兆堂,放荡齐赵间,裘马颇清狂。'是下第后即游齐赵之明证"。交苏源明。钱谦益曰"《壮游》诗云'……放荡齐赵间,裘马颇清狂。春歌丛台上,冬猎青丘旁,……苏侯据鞍喜,忽如携葛强。'……苏侯,注云'监门胄曹苏预',即源明也。开元中,源明客居徐兖,天宝初举进士。诗独举苏侯,知杜之游齐赵,在开元时,而高李不与也"。案《八哀诗》曰"结交三十载"。源明卒于广德二年,前二十八年,为开元二十四年,源明犹未至京师,公与订交,必在其时,诗曰"三十载"者举成数也。《壮游》诗曰"春歌丛台上,冬猎青丘旁,呼鹰皂枥林,逐兽云雪冈"。《汉书》颜师古注"……丛台,本六国时赵王故台,在邯郸城中";《寰宇记》"青丘,在青州千乘县";蔡梦弼曰"皂枥林,云雪冈,皆齐地"。是所游之地甚广,疑非在一时。源明居山东亦甚久,直至上表自举时,犹自称"臣山东一布衣也"。公自开元二十四年,始游齐赵,至二十九年归东都,中更五载;其与源明同游,当在此数年间。《七月三日论壮年乐事》诗曰"欻思红颜日,霜露冻阶闼,胡马挟雕弓,鸣弦不虚发,长铊逐狡兔,突羽当满月"。

卢曰:"此即《壮游》诗中'放荡齐赵间,裘马颇清狂,……呼鹰皂枥林,逐兽云雪冈'事也。"

开元二十五年丁丑(737)四月,张九龄贬荆州长史。十一月,宋璟薨。是年,上以几致措刑,推功元辅。王维为监察御史,在河西节度幕中。

  公二十六岁。游齐赵。

开元二十六年戊寅(738)三月,杜希望拔吐蕃新城,以其地为威武军。六月,张守珪大破契丹林胡,遣使献捷。是年,分左右羽林,置龙武军。崔曙举进士,以状元及第。(见《直斋书录解题》)

  公二十七岁。游齐赵。

开元二十七年己卯(739)八月,追谥孔子为文宣王。盖嘉运大破突厥施于碎叶城,擒其王吐火仙送京师。是年,崔曙卒。

  公二十八岁。游齐赵。

开元二十八年庚辰(740)是时频岁丰稔,京师米斛不满二百,天下乂安,虽行万里,不持寸铁。张九龄、孟浩然并卒于是年。王昌龄游襄阳。(见王士源《孟浩然集序》)

  公二十九岁。游齐赵。公父闲为兖州司马时,公尝至兖省侍,当在是年,《登兖州城楼》诗所云"东郡趋庭日,南楼纵目初"者是也。考传志不言游兖,而集中多兖州诗,《登兖州城楼》,其一也。诸家或编于开元二十四年,或以属开元二十八年。要以后说为近是。盖公诗散佚者多,天宝以前,尤罕存稿。观集中自开元二十四年以前,游晋,游吴越,间归东都,皆无诗;自开元二十四年以后,至二十八年,其间游齐赵，亦无诗。不宜独开元二十四年游兖所作，忽有存稿。揆之常理，《登兖州城楼》诗，其不作于开元二十四年，明矣。且今集中诸作，时次可考，万无疑义者，惟《假山》诗最早，实作于天宝元年。自是以后，存诗渐多。兹定趋庭于开元二十八年，则作《登兖州城楼》诗时，去《假山》诗，才前二年，庶几与开始存稿之期，亦较合符节矣。又按闲之卒年，于兖州趋庭事，为先决问题。旧说颇有异议，惟朱钱二氏持论最有据。天宝三载，公祖母范阳太君卒，公撰墓志；或以为时闲已故，志盖代登作也。钱谦益曰"代其父闲作也。薛氏所生子曰闲，曰升，曰专；太君所生曰登。《志》云：'某等宿遭内艰，长自太君之手者。'知其代父作也。又曰'升幼卒，专先是不禄'；则知闲尚无恙也。……元志云闲为奉天令。是时尚为兖州司马。闲之卒，盖在天宝间，而其年不可考矣"。朱注："按《志》云'故朝议大夫兖州司马'，犹《汉书·李广传》所云'故李将军'，非谓已没也。……但闲时为兖州司马，而传志俱云'终奉天令'。考奉天为次赤县，唐制京县令，正五品，上阶。闲自兖州司马授奉天令，盖从五品升正五品也。公东郡趋庭之后，闲即丁太君忧，必服阕补此官耳。"按闲卒必在天宝三载以后，尚别有证。公弟四人：颖、观、丰、占。公行二，集有寄丰诗，称第五弟，疑丰为闲第四子。又有《远怀舍弟颖观等》诗，颖次观前，观当系闲第三子。又有《舍弟观归蓝田迎新妇》诗，约作于大历二年。若定观二十左右置室，则当生于天宝五载前后。丰、占复幼于观，知天宝十载前，闲盖尚存，而其卒，则宜在天宝末，或且更后,亦属可能。旧说闲卒于天宝三载前,则开元二十八年或不宜有趋庭事。今既知闲卒远在天宝三载后,则定趋庭于开元二十八年,益有据矣。

《寄高常侍》诗曰"汶上相逢年颇多"。仇注:"汶上相逢,盖开元间相遇于齐鲁也。"考高适《酬秘书弟兼寄幕下诸公》诗序曰"乙亥岁,(按即开元二十五年)适征诣长安"。又《送族侄式颜》诗(按开元二十七年作,详见后)曰"俱游帝城下,忽在梁园里"。适以开元二十三年游京师,二十七年来梁宋,其间公虽在齐赵,不得遇适于汶上也。又适《奉酬北海李太守平阴亭》诗曰"谁谓整隼旟,翻然忆柴扃,书寄汶阳客,回首平阴亭"。李邕以天宝二年出为北海太守,六载杖死于郡,其间适尝客居汶阳,而公亦以天宝四载再游齐鲁,则相逢汶上,其即在天宝四载乎?然而天宝三载秋,二人实尝相从赋诗于梁宋,此云"汶上相逢年颇多",明指订交之初,又不合也。盖游梁以后,寄诗以前,二公聚首者屡矣,诗何以独言天宝四载汶上之遇?是知以汶上相逢属于天宝四载,又不足信。窃谓开元二十七八年间,适尝至山东,因得与公相遇,诗所云,殆指此也。适《宋中送族侄式颜》诗注曰"时张大夫贬括州,使人召式颜,遂有此作";同时又作《送族侄式颜》诗曰"我今行山东,离忧不能已"。按《旧唐书·玄宗纪》张守珪贬括州,在开元二十七年六月。其时适方有山东之行。意其既至山东,与公相值,或在开元二十七八年之间;其时公方游齐赵,汶上地在齐南鲁北,二公邂逅于斯,正意中事耳。

《别张十三建封》诗曰"相逢长沙亭,乍问绪业余,乃吾故人子,童丱联居诸"。朱注:"公父闲为兖州司马,当是趋庭之日,与张玠(按即建封父,兖州人)同游,而建封相从也。故人指玠,童丱指建封。建封以贞元十六年终,年六十有六。公开元末游兖,是时建封才六七岁耳。"按与张玠同游,当亦在开元二十七八年,与趋庭及逢高适之年分皆合,可资互证也。

开元二十九年辛巳(741)正月,两京诸州各置玄元皇帝庙,并崇玄学;以《老》《庄》《文》《列》为"四子";令习业成者,准明经考试,谓之道举。八月,以安禄山为营州都督,充平卢军使。九月,上亲注《金刚经》及《修义诀》。(见《册府元龟》)

公三十岁。归东都。筑陆浑庄,于寒食日祭远祖当阳君。是年有《祭当阳君文》曰"小子筑室首阳之下,不敢忘本,不敢违仁,庶刻丰石,树此大道,论次昭穆,载扬显号"。绅词意,当是因新居落成而昭告远祖。《寰宇记》:"首阳山,在偃师县西北二十五里。"公《寄河南韦尹》诗原注曰"甫有故庐在偃师",当即指此。《忆弟二首》原注:"时归在河南陆浑庄。"浦起龙曰"公有旧庐在河南偃师县,曰陆浑庄;后又有土娄庄,宜即一处"。按公有《凭孟仓曹将书觅土娄旧庄》诗曰"平居丧乱后,不到洛阳岑",且此曰"旧庄",前诗曰"故庐",义亦正同,故知即一处也。惟浦以为庄名"土娄",鹤注亦谓"土娄"为地名,非也。"土娄",疑即《寄河南韦尹》诗"尸乡余土室"之"土室"。(《诗正义》:"河南偃师县西二十里有尸乡亭。")鹤别注"土室谓依土以为室,如《宿赞公土室》诗云'土室延白光'"者,得之。

天宝元年壬午(742)二月,褒封庄子为南华真人,文子为通玄真人,列子为冲虚真人,庚桑子为洞虚真人;其所著书悉号"真经"。十月,造长生殿(见《唐会要》)。是年,李白自会稽来京师。王维为左补阙,迁库部郎中。

　　公三十一岁。在东都。姑万年县君卒于东京仁风里,六月,还殡于河南县,公作墓志。《志》曰"作配君子,实为好仇,河东裴君讳荣期,见任济王府录事参军"。又有"兄子甫"云云,则县君,公父之妹也。

天宝二年癸未(743)正月,安禄山入朝。三月,广运潭成。是年,邱为登进士第。(见《唐才子传》)长安"饮中八仙"之游,约当此时。

　　公三十二岁。在东都。

天宝三载甲申(744)正月,遣左右相以下祖别贺知章于长乐坡。李白供奉翰林院。三月,安禄山兼范阳节度使。寿王妃杨氏号"太真",召入宫。李白赐金放还。是年,岑参登进士第。(见杜确《岑嘉州集序》、《唐才子传》)芮挺章选自开元初迄天宝三载诗称《国秀集》。

　　公三十三岁。在东都。五月,祖母范阳太君卒于陈留之私第,八月,归葬偃师,公作墓志。范阳太君,公祖审言继室卢氏。是年夏,初遇李白于东都。顾宸曰"公与白相从赋诗,始于天宝三四载间,前此未闻相善也。白生于武后圣历二年,公生于睿宗先天元年,白长公十三岁,公于开元九年游剡溪,而白与吴筠同隐剡溪,则在天宝二年,相去十三载,断未相值也。后公下第游齐赵,在开元二十三年;考白谱,时又不在齐赵。及白因贺知章荐,召入金銮,则在天宝三载正月,时公在东都,葬范阳太君(按葬太君事在八月,此误)。未尝晤白于长安也。是载八月,白放还,客游梁宋,始见公于东都,(按三月放还,五月已至梁宋;见公于东都当在三五月之间,)遂相从如弟兄耳。观公后寄白二十二韵有云'乞归优诏许,遇我宿心亲',是知乞归后始遇也"。按《赠李白》诗,当是本年初遇白时作。诗曰"李侯金闺彦,脱身事幽讨"。卢世㴒曰"天宝三载,诏白供奉翰林,旋被高力士谮,帝赐金放还,白托鹦鹉以赋曰'落羽辞金殿',是'脱身'也;是年,白从高天师授箓,是'事幽讨'也"。秋,游梁宋,与李白高适登吹台琴台。《遣怀》诗曰"昔我游宋中,惟梁孝王都,……忆与高李辈,论交入酒垆,两君壮藻思,得我色敷腴。气酣登吹台,怀古视平芜,芒砀云一去,雁鹜空相呼"。《昔游》诗曰"昔者与高李(按原注曰"高适李白"),晚登单父台(按即琴台)。寒芜际碣石,万里风云来,桑柘叶如雨,飞藿去徘徊,清霜大泽冻,禽兽有余哀"。《赠李白》诗曰"亦有梁宋游,方期拾瑶草",盖在东都时,与白预为之约也。《唐书·白传》:"与高适同过汴州,酒酣登吹台,慷慨怀古。"公传:"从高适李白过汴州,登吹台,慷慨怀古,人莫测也。"王琦《太白年谱》曰"《赠蔡舍人诗》云'一朝去京国,十载客梁园'……《梁园吟》曰'我浮黄河去京阙,挂席欲进波连山,天长水阔厌远涉,访古始及平台(按即吹台)间',是去长安之后,即为梁宋之游也。"(按《梁园吟》又曰"平头奴子摇大扇,五月不热疑清秋"，是白以三月放还，五月已至梁宋，至其与高杜同游，则在深秋耳。）适《东征赋》曰"岁在甲申，秋穷季月，高子游梁既久，方适楚以超忽"。《宓公琴台》诗序曰"甲申岁，适登子贱琴台"。适又有《宋中别周梁李三子》诗曰"李侯怀英雄，眈眈乃天资"，似谓白也。适集中多宋中诗，所言时序，多与公诗合，其间必有是时所作者。尝渡河游王屋山，谒道士华盖君，而其人已亡。《忆昔行》曰"忆昔北寻小有洞，洪河怒涛过轻舸，辛勤不见华盖君，艮岑青辉惨么么。千崖无人万壑静，三步回头五步坐。秋山眼冷魂未归，仙赏心违泪交堕。弟子谁依白茅屋，卢老独启青铜锁，巾拂香余捣药尘，阶除灰死烧丹火，玄圃沧洲莽空阔，金节羽衣飘婀娜。落日初霞闪余映，倐忽东西无可可，松风涧水声合时，青兕黄熊啼向我"。仇注："此初访华盖君而伤其逝世，是游梁宋时事。"《昔游》诗曰："昔谒华盖君，深求洞宫脚，玉棺已上天，白日亦寂寞。暮升艮岑顶，巾几犹未却；弟子四五人，入来泪俱落。余时游名山，发轫在远壑，良觌违夙愿，含凄向寥廓。林昏罢幽磬，竟夜伏石阁，王乔下天坛，微月映皓鹤。（按此言梦寐恍惚，如见道士跨鹤降于天坛也。旧注非是。）晨溪响虚驭，归径行已昨。"朱鹤龄曰"华盖君，犹太白集之丹邱子，盖开元天宝间道士隐于王屋者，不必求华盖所在以实之也。诗云'深求洞宫脚'，洞宫即《忆昔行》所云'北寻小有洞'也。……洞在王屋艮岑，即王屋山东北之岑也。天坛亦在王屋；《地志》'王屋山绝顶曰天坛，济水发源处'是也。王屋在大河之北，故《忆昔行》曰'洪河怒涛过轻舸'也。"按二诗追述谒华盖君事至详尽,因悉录之,以存故实,是时诗中屡言学仙,一若真有志于此者。今则渡大河,走王屋,将求华盖君而师事之,至而其人适亡。诗云"良觌违夙愿,含凄向寥廓",沮丧之情可知;宜其历久不忘,一再追念而不厌也。又按李阳冰《草堂集》序:白放还后,即就从祖陈留采访大使彦允,请北海高天师授道箓于齐州紫极宫。陈留,宋地:白之来游,为访彦允;公之来游,为谒华盖。前此公《赠白》诗曰"亦有梁宋游,相期拾瑶草",殆谓此也。公师事华盖之志,竟不就;而白后果得受箓于高天师(白有《奉饯高尊师如贵道士传道箓毕归北海》诗,故公明年又有《赠白》诗曰"未就丹砂愧葛洪")。

天宝四载乙酉(745)八月,册太真为贵妃,三姊皆赐第京师。是年,李白在山东,冬日,去之江东。九月,诏改两京波斯寺为"大秦寺"。(见《册府元龟》。按此中土最古之天主教堂也。)

　　公三十四岁。再游齐鲁。是时李之芳为齐州司马,夏日,李邕自北海郡来齐州,公尝从游,陪宴历下亭及鹊山湖亭。《陪李北海宴历下亭》诗原注"时邑人蹇处士辈在坐"。按卢象有诗题曰"追凉历下古城西北隅——此地有清泉乔木"。一本题上有"同李北海"四字。公诗云"济南名士多。"象,汶水人,或尝与斯游乎?俟考。旋暂如临邑。临邑属齐州,秋后至兖州,时李白亦归东鲁,兖州,天宝元年改名鲁郡。公与同游,情好益密,公赠白诗所云"余亦东蒙客,怜君如弟兄,醉眠秋共被,携手日同行"者是也。白家本在鲁郡。

公《送白二十韵》曰"醉舞梁园夜,行歌泗水春",知白游梁之次年春,已至兖州。(天宝三载三月,诸郡玄元庙已改称紫极宫。白至齐州,于紫极宫从高天师受道箓,疑在归兖以前,天宝三载秋冬之际。)公诗曰"余亦东蒙客",白《寄东鲁二稚子》诗曰"我家寄东鲁,谁种龟阴田",《忆旧游寄元参军》诗曰"北阙青云不可期,东山白首还归去",曰东蒙,曰龟阴,曰东山,实即一处。《续山东考古录》"《元和志》以蒙与东蒙为二山。余谓蒙在鲁东,故曰东蒙。……今又分东蒙,云蒙,龟蒙三山;惟《齐乘》以为龟蒙二山,最当。……合言之曰东山,分言之曰龟蒙"。俄而公将西去,白亦有江东之游,城东石门,一别遂无复相见之日矣。钱曰"《单父东楼送族弟沈之秦》则曰'长安宫阙九天上,此地曾经为近臣,屈平憔悴滞江潭,亭伯流离放东海',《鲁郡东石门送杜二甫》则云'醉别复几日,登临遍池台,何言石门路,重有金樽开'。此知李游单父后,于鲁郡石门与杜别也。单父至兖州二百七十里,盖公辈游梁宋后,复至鲁郡,始言别也"。

在兖州时,白尝偕公同访城北范十隐居,公有诗曰"落景闻寒杵",白集亦有寻范诗曰"雁度秋色远",二诗所纪时序正同。又公诗曰"更想幽期处,还寻北郭生";白诗曰"忽忆范野人,闲园养幽姿,茫然起逸兴,但恐行来辞";公诗曰"入门高兴发";白诗曰"入门且一笑";公诗曰"不愿论簪笏,悠悠沧海情",白诗曰"远为千载期,风流自簸荡",辞意亦相仿佛,当是同时所作。且兖州天宝元年改鲁郡,白自天宝元年自会稽来京师,三载放归,客游梁宋,直至四载,始来兖州,寻范诗题曰"鲁城",知为其时所作。盖此后浪游南中,不闻复归鲁也。

《寄张十二山人彪三十韵》云"历下辞姜被,关西得孟邻,早通交契密,晚接道流新"。仇注:"历下早通,记初交之地,关西晚接,记再遇之缘。"按公是年夏在历下,而开元二十四年至二十九年间亦尝游齐地,初遇张彪,不知究在何时。《题张氏隐居》二首,或以为即指彪,然诗曰"石门斜日到林丘",石门在兖州,而历下在齐州,不可混为一谈。黄鹤谓张氏乃张叔明("明"或作"卿"),较有据。

公初遇元逸人及董炼师,盖皆在此时。《昔游》诗曰"东蒙赴旧隐,尚忆同志乐,伏事董先生,于今独萧索"。朱鹤龄曰"东蒙旧隐,即《玄都坛歌》'故人昔隐东蒙峰'者也。公客东蒙,与太白诸人同游好,所谓同志乐也。其时之伏事者,则董先生,即'衡阳董炼师'也"。仇注:"华盖君已殁,而转寻董炼师是游齐鲁时事。"案元逸人,卢世㴆以为即与李白同游之元丹丘;董炼师,据《舆地纪胜》,名奉先。

天宝五载丙戌(746)四月,左相李适之罢,陈希烈同平章事。(希烈以讲《老》、《庄》得进)是年,灵彻生。

公三十五岁。自齐鲁归长安。《壮游》:"放荡齐赵间,……快意八九年,西归到咸阳。"从汝阳王琎,驸马郑潜耀游。《壮游》诗于"西归到咸阳"下,曰"赏游实贤王,曳裾置醴地"。仇注:"贤王置醴,指汝阳王琎也。"《赠特进汝阳王二十韵》鹤注:"《旧史》,天宝初,琎终父丧,加特进;九载卒。考宁王宪以开元二十九年十一月薨。天宝三载,琎丧服初终,必其年二月,封琎以嗣宁,所弁加特进也。公于开元二十四年下考功第,去游齐赵八九载,其归长安,当在天宝四五载间。《壮游》诗云'赏游实贤王,曳裾置醴地'正其时也。"多案:云四五载间,误;当云五六载间也。《赠汝阳王二十韵》:"披雾初欢夕,高秋爽气澄,樽罍临极浦,凫雁宿张灯;花月穷游宴,炎天避郁蒸,砚寒金井水,檐动玉壶冰。"仇注:"初宴在秋,故见凫宿灯张;后宴在夏,故见井水壶冰;中间花月之游,当属春时。"此所叙节候,实跨两载。此言初宴在秋,而客岁(天宝四载)秋日,公方在兖州。则是从琎游,至早当自五载秋始,所云春夏,乃六载之春夏也。集中有《皇甫淑妃碑》,淑妃,郑潜耀妻临晋公主之母也。黄鹤定碑撰于天宝四载,曰"《碑》云'自我之西,岁阳载纪。'按《尔雅》,自甲至癸,为岁之阳。妃以开元二十三年乙亥薨,至天宝四载乙酉,为岁阳载纪矣。碑当立于是年也"。多按:此说非也。《碑》云"甫忝郑庄之宾客,游窦主之山林"。是撰碑之前,已从郑游。公五载始至长安,焉得四载为郑庄宾客,且为撰碑哉?《碑》述潜耀之言曰"自我之西",(仇注云"自东京至西京"是也。)故知所云"郑庄"及"窦主之山林"必在长安。《长安志》:"莲花洞,在神禾原,即郑驸马之居,"是其地矣。公又有《郑驸马池台喜遇郑广文同饮》诗,其地亦在长安,诗云"俱过阮宅来",知池台即郑宅中之池台。又有《郑驸马宅宴洞中》诗,即莲花洞也。或以为东都亦有郑宅,至以新安东亭,亦属潜耀,皆臆说无据,徐松《唐两京城坊考》云:"雒阳第宅,多是武后中宗居东都时所立,中业以后,不得有公主宅。"亦可证公未来长安前,不得游窦主之山林,即不得为郑庄之宾客矣。至"岁阳载纪"之语,乃约略言之,文家修辞,此类甚多,不得以为适当乙酉之岁也。

《壮游》诗叙归长安后之交游,又曰"许与必词伯",仇注以为指岑参郑虔辈。多案:据杜确《岑参集》序,参自天宝三载擢第后,尝居右内率府兵曹参军,右威卫录事参军等职,则是时宜在京师。其曾否与公同游,则于二公集中悉无征,未可以臆断也。若郑虔,则此际万无与公相值之理,说详后。

天宝六载丁亥(747)诏天下通一艺者诣京师,李林甫素忌文学之士,下尚书省试,皆下之。正月,遣使就杀北海太守李邕;李适之饮药死。九月,安禄山筑雄武城。十月,改温泉宫为华清宫,治汤井为池,环山列宫室。十二月,筑罗城,置百司公卿邸第,以房琯为缮理。高仙芝讨小勃律,虏其王归。是年,包佶登进士第,薛据中"风雅古调"科。

公三十六岁。在长安。元结《谕友》曰:"天宝丁亥中,诏征天下士有一艺者,皆得诣京师就选。晋公林甫以草野之士猥多,恐泄漏当时之机,议于朝廷曰:'举人多卑贱愚聩,不识礼度,恐有俚言,污浊圣听。'于是奏待制者悉令尚书长官考试,御史中丞监之,试如常例。(原注:如吏部试诗赋论策。)已而布衣之士,无有第者,遂表贺人主,以为野无遗贤。"《新书·李林甫传》略同。时公与结皆应诏而退。《赠鲜于京兆二十韵》:"破胆遭前政,阴谋独秉钧,微生沾忌刻,万事益酸辛。"即指此。

天宝七载戊子(748)十月,封贵妃三姊并国夫人。十二月哥舒翰筑神威军于青海上,又筑城龙驹岛,吐蕃不敢近青海。是年,李益、卢纶生。包何、李嘉祐登进士第。

　　公三十七岁。在长安。屡上诗韦济,求汲引。上韦诸诗中,如曰"老骥思千里,饥鹰待一呼,君能微感激,亦足慰榛芜",曰"难甘原宪贫",皆情词悲切;如曰"纨绔不饿死,儒冠多误身",曰"朝叩富儿门,暮随肥马尘,残杯与冷炙,到处潜悲辛",又若不胜愤激。盖公毕生之困厄,此其开端矣。然自齐鲁西归,旅食京邑,数年以来,亦颇受知于一二公卿。(赠汝阳王:"招要恩屡至,崇重力难胜。"《赠韦二十二韵》:"每于百僚上,猥诵佳句新。"《寄韦尹丈人》原注:"甫有故庐在偃师,承韦公频有访问。")特皆杯酒联欢,片言延誉,终莫肯假以实助。即如萧比部虽以姑表昆弟之亲,尚不能脱公于屯蹇,他更无论矣。故私心怨忿之极,辄欲奋足远引,与世决绝。《赠韦二十二韵》:"焉能心怏怏,只是走踆踆,今欲东入海,即将西去秦。"赠萧比部:"中散山阳锻,愚公野谷村,宁纡长者辙,归老任乾坤。"——或曰远游,或曰归隐,但故为愤词以自解,非本意如此也。与书家顾诚奢订交,约当此时。《送顾八分文学适洪吉州》:"文学与我游,萧疏外声利,追随二十载,浩荡长安醉,高歌卿相宅,文翰飞省寺。"仇曰:二十载,通前后而言,是也。诗作于大历三年,上数二十年,为天宝七载。

天宝八载己丑(749)哥舒翰攻拔吐蕃石堡城。不空自印度归,求得密藏经论五百余部,是为密宗之始。高适举有道科中第。

公三十八岁。在长安。《高都护骢马行》云"飘飘远自流沙至"。高仙芝天宝八载入朝,诗必作于是年。诗又云"长安健儿不敢骑,走过掣电倾城知"。故知是时公尚在长安。冬日,归东都,因谒玄元皇帝庙,观吴道子所画壁。《冬日洛城北谒玄元皇帝庙》云:"五帝联龙衮。"黄曰"唐史,加五帝'大圣'字,在八载闰六月,可证是年公又在东都"。按东都玄元庙,在积善坊。诗曰"画手看前辈,吴生远擅场。森罗移地轴,妙绝动宫墙——五圣联龙衮,千官列雁行,冕旒俱秀发,旌旆尽飞扬"。原注:"庙有吴道子画'五圣图'。"康骈《剧谈录》载"玄元观壁上,有吴道子画五圣真容,及《老子化胡经》事,丹青绝妙,古今无比"。

天宝九载庚寅(750)五月,封安禄山为东平郡王,唐将帅封王自此始。七月,置广文馆,以郑虔为博士,虔献诗并画,帝署其尾曰"郑虔三绝"。是年,沈既济生。汝阳王琎卒。綦毋潜卒。(?)

公三十九岁。来长安。初遇郑虔。《新书·文艺·郑虔传》:"天宝初,为协律郎,集缀当世事著书八十余篇。有窥其稿者,上书告虔私撰国史。虔苍黄焚之。坐谪十年。还京师,玄宗爱其才,欲置左右以不事事,更为置广文馆,以虔为博士。"《唐会要》:"天宝九载七月,置广文馆,以郑虔为博士。"据《新书》,著书坐谪,必是天宝元年,而拜广文博士,则自谪所甫归京师时事。计若自天宝元年起,谪居十年,则归京师拜广文,必在天宝十载。然《会要》所纪,年月并具,必不误。误者,《新书》"天宝初"与"坐谪十年"二语,必居其一耳。总之,虔居贬所日久,或八九年,或十年,至天宝九载,始得归京师,与公相遇而订交,则无疑也。今观凡公诗及虔者,不曰"广文",即曰"著作",不曰"著作",即曰"司户",咸九载以后之作,益足以断二公定交,至早在天宝九载。不然,以二公相知之深,相从之密,何以九载以前,了不见过从酬答之迹?仇注《壮游》"许与必词伯"句,乃直曰"指岑参郑虔辈";不知诗所叙为天宝五载始归长安时之交游,时虔方远在贬所,安得与公相见于长安?若钟辂《前定录》载开元二十五年,虔为广文博士,有郑相如者谒虔,为预言污贼署坐谪事,则稗官之说,本非摭实,不足辨。

天宝十载辛卯(751)正月,祠太清宫,太庙,祀南郊。二月,安禄山兼领三镇。四月,鲜于仲通讨南诏,高仙芝讨大食,八月,安禄山讨契丹,并大败。十一月,杨国忠兼剑南节度使。是年,钱起举进士,以试《湘灵鼓瑟》诗及第。贾至举明经科及第。孟郊生。

公四十岁。在长安。进三大礼赋,玄宗奇之,命待制集贤院。《进封西岳赋表》:"顷岁,国家有事于郊庙,幸得奏赋,待罪于集贤。"《莫相疑行》:"忆献三赋蓬莱宫,自怪一日声辉赫,集贤学士如堵墙,观我落笔中书堂。"鲁訔曰"公奏《三大礼赋》,史集皆云十三载"。朱曰:"按帝纪,十载行三大礼,十三载未尝郊,况表云'臣生长陛下淳朴之俗,行四十载矣',故知当在是岁。"按《唐六典》,延恩匦,凡怀才抱器,希于闻达者投之。公前此贡举落第,应诏退下,屡遭挫败,盖几于进身无路矣,至是乃又投匦献赋,以冀一幸,《赠别崔于二学士》所云"昭代将垂白,穷途乃叫阍"者是也。陆游《题杜少陵像图》:"长安落叶纷可扫,九陌北风吹马倒,杜公四十不成名,袖里空余三赋草。车声马声喧客枕,三百青铜市楼饮,杯残炙冷正悲辛,仗内斗鸡催赐锦。"可谓善于写照矣。又按《赠别崔于二学士》诗曰"气冲星象表,词感帝王尊",即史云"玄宗奇之"也。然诗又云"谬称三赋在,难述二公恩"。原注:"甫献《三大礼赋》出身,二公尝谬称述。"是则公之受知主上,实因二学士之称述。二学士,崔国辅、于休烈也。秋,病疟,友人魏君冒雨见访,因作《秋述》贻之。文中有云:"秋杜子卧病长安旅次,多雨生鱼,青苔及榻。常时车马之客,旧雨来,今雨不来。……我弃物也,四十无位,子不以官遇我,知我处顺故也。"病后,过王倚,王饷以酒馔,感激作歌赠之。歌曰:"王生怪我颜色恶,答云伏枕艰难遍。疟疠三秋孰可忍?寒热百日相交战,头白眼暗坐有胝,肉黄皮皱命如线。惟生哀我未平复,为我力致美肴膳,遣人向市赊香粳,唤妇出房亲自馔。长安冬葅酸且绿,金城土酥净如练,兼求畜豪且割鲜,密沽斗酒谐终宴。故人情义晚谁似,令我手足轻欲旋。"此诗词旨酸楚,不堪卒读,其时潦倒可知矣。《进三大礼赋表》曰"顷者卖药都市,寄食朋友"。盖实录也。是年,在杜位宅守岁。《杜位宅守岁》鹤注:"诗云'四十明朝过'则是天宝十载为四十岁。"按位,公之从弟,李林甫之诸婿也。公《寄杜位》诗原注:"位京中宅近西曲江。"

天宝十一载壬辰(752)四月,崔国辅贬竟陵郡司马。十一月,李林甫卒,杨国忠为右相。哥舒翰、安禄山并入朝。高适随翰至京师。岁晚,岑参赴安西。(?)

公四十一岁。在长安。召试文章,送隶有司参列选序。《进封西岳赋表》:"委学官试文章,再降恩泽,仍猥以臣名实相副,送隶有司参列选序。"《留赠崔于二学士》:"天老书题目,春官验讨论。倚风遗鶂路,随水到龙门。竟与蛟螭杂,空闻燕雀喧,青冥犹契阔,凌厉不飞翻。"《赠郑谏议十韵》:"使者求颜阖,诸公厌祢衡。"暮春,暂归东都。《留赠崔于二学士》曰"故山多药物,胜概忆桃源,欲整还乡斾,长怀禁掖垣"。当是召试后暂还东都,其时盖在季春,故曰"胜概忆桃源"。按史:天宝十一载四月,御史大夫王铁赐死,礼部员外郎崔国辅坐铁近亲,贬竟陵郡司马。国辅贬官在四月,则公赠诗自在四月以前,与诗正合。冬高适随哥舒翰入朝,与公暂集,俄复别去,公有诗送之。《旧书》,十一载冬,翰与安禄山并来朝,上使高力士设宴崔驸马山池,适盖同至京师;及其去归河西,公则作诗送之。

杨国忠为相,引鲜于仲通为京兆尹,事在本年十一月。公有《赠鲜于京兆》诗曰"早晚报平津",望其荐于国忠也。又曰"破胆遭前政,阴谋独秉钧",谓李林甫也。夫林甫之阴谋,不待言。若国忠之奸,不殊林甫,公岂不知?且二人素不协,秉政以来,私相倾轧者久矣。今于林甫死后,将有求于国忠,则以见忌于林甫为言,公之求进,毋乃过疾乎?虽然《白丝行》曰:"已悲素质随时染"。又曰:"君不见才士汲引难,恐惧弃捐忍羁旅。"审其寄意所在,殆有悔心之萌乎!

故知公于出处大节,非果无定见,与时辈之苟且偷合,执迷不悟者,不可同日语也。钱谦益曰:"少陵之投诗京兆,邻于饿死,(按赠鲜于诗有"有儒愁饿死"之句)昌黎之上书宰相,迫于饥寒。当时不得已而姑为权宜之计,后世宜谅其苦心,不可以宋儒出处,深责唐人也。"此言虽出之蒙叟,然不失为平情之论。《投简华咸两县诸子》曰"饥卧动即向一旬,敝衣何啻联百结"。比来公生计之艰若是!

天宝十二载癸巳(753)正月,京兆尹鲜于仲通讽选人为杨国忠立颂省门。八月,京师霖雨,米贵,出太仓粟减粜。是年,皇甫曾、张继、鲍防并登进士第。殷璠选《河岳英灵集》,起于永徽甲寅(六五四),讫于本年。

公四十二岁。在长安。首夏,同郑虔游何将军山林。《重过何氏五首》鹤注:"前云'千章夏木清',初游在夏。此云'春风啜茗时',重游在春矣。前属天宝十二载,此则当是天宝十三载。诗又云'何日沾微禄',乃是未授官时也,若十四载,则已授河西尉,又改率府胄曹矣。"多按又玩《游何将军山林》中"词赋工何益,山林迹未赊,尽捻书籍卖,来问尔东家"等句,明是献赋不售后之词。然十一载季春归在东都,首夏未必能复来长安;诗又曰"绿垂风折笋,红绽雨肥梅"是初夏景物,则不得为天宝十一载之作矣。鹤编在十二载,得之。次子宗武约生于此年秋。仇注:"至德二载,公陷贼中,有诗云'骥子好男儿,前年学语时',此时宗武约计五岁矣。"多按据此则当生于本年。又《示宗武》曰:"十五男儿志。"黄鹤编在大历三年,今按当提前一年,编在大历二年,其时宗武年十五岁,则适当生于天宝十二载,与仇说至德二载年五岁合矣。《宗武生日》又曰:"高秋此日生。"

天宝十三载甲午(754)是年,户部奏郡县户口之数,为唐代之极盛。关中大饥。制举始试诗赋。元结、韩翃登进士第;独孤及举洞晓玄经科,登第。崔颢、元德秀卒。苏源明入为国子司业。陆贽生。

公四十三岁。在长安。进《封西岳赋》。黄曰:"是年二月,右相兼文部尚书杨国忠守司空,即《封西岳表》所云'元弼司空'也。故知进表在是年。"按又有《赠献纳使田澄》诗曰:"扬雄更有《河东赋》,唯待吹嘘送上天。"当是献赋前所投赠者。自东都移家至长安,居南城之下杜城。据《桥陵诗》,知是年秋后,自长安移家至奉先。然公家本在东都,其何时徙居长安,则诗中无明文可考。惟《遣兴三首》曰:"客子念故宅,三年门巷空。"(故宅,指东都之宅,验本诗可知)仇定此诗作于乾元元年,上数三年,则初离故宅时为天宝十四载。此明与《桥陵诗》所纪不合;十三载,已自长安移家奉先,不得十四载始离东都至长安也。今定《遣兴》作于至德二载,则作诗时距本年(天宝十三载)适为三年,与《桥陵诗》无抵牾矣。又据《桥陵诗》,既知自长安移家至奉先,在天宝十三载秋后,再参以"三年门巷空"之句,则知公眷属自东都至长安,必在天宝十三载正月以后,十月以前。《秋雨叹》(卢编在天宝十三载)曰"长安布衣谁与数,反锁衡门守环堵",又曰"稚子无忧走风雨"(疑指宗文),知是年秋,公已置宅长安,妻子亦俱至也。《夏日李公见访》(旧但云天宝末作,兹定为天宝十三载)曰"贫居类村坞,僻近城南楼",曰"孰谓吾庐幽",知是年夏公有宅在长安也。诗中暗示,止于此际。移家长安,疑在天宝十三载之春。《遣兴》又云"昔在洛阳时,亲友相追攀,送客东郊道,遂游宿南山",知迎眷来京之役,公实亲任之。然本年诗中,不言归东都事,盖偶然失纪耳。考前此数年诗文中曰"卖药都市,寄食朋友"(《进三大礼赋表》),曰"垂老独漂萍"(《赠张四学士》),曰"此身饮罢无归处"(《乐游园歌》),曰"寄食于人,奔走不暇"(《进雕赋表》),曰"恐惧弃捐忍羁旅"(《白丝行》),曰"卧病长安旅次"(《秋述》),皆言长安无家也;而十载在杜位宅守岁,十一载将归东都,《留别二学士诗》曰"欲整还乡斾",尤为前此未移家长安之明证。然《游何将军山林》曰"尽捻书籍卖,来问尔东家",《重过何氏》曰"何日沾微禄,归山买薄田",已萌置宅城南之念矣;(《通志》:"少陵原,乃樊川北原,自司马村起,至何将军山林而尽,……在杜城之东,韦曲之西。")《赠郑谏议》曰"筑居仙缥缈,旅食岁峥嵘",惟其有筑居之心而力不足,故有此叹;《曲江三首》曰"杜曲幸有桑麻田,故将移住南山边",则移居之决心,已明白表示矣。此皆十一二载之诗,足证其时移家之心虽切,然犹未能见诸事实。至《夏日李公见访》,始有"贫居类村坞,僻近城南楼"及"孰谓吾庐幽"之语。《桥陵诗》曰:"辘轳辞下杜。"下杜,即李公见访之处也。《长安志》云:下杜城在长安县一十五里,此曰"僻近城南楼",正与下杜城之方位合,其证一也。《李公见访诗》又云"展席俯长流",而杜陵之樊乡有樊川,橘水自樊川西北流，经下杜城，赵曰"展席俯长流"，即当此地，其证二也。又《九日五首》曰"故里樊川菊"，《哀江头》原注曰："甫家居在城南。"与赴奉先前所居之处，及李公见访之处皆合，故知公之自称"杜陵野老"，实因尝居其地，非徒循族望之旧称也。因田梁丘投诗河西节度使哥舒翰。唐制，从军岁久者，得为大郡。公交游中如高适、岑参辈，皆以不得志于中朝，乃走绝塞，投戎幕，以为进身之阶。是时武人握重兵，位极功高，威名震中外者，哥舒翰、安禄山耳。翰为人尤权奇倜傥，已然诺，纵蒲好酒，有任侠风；又能甄用才俊，并世文士，如严武、高适、吕諲、萧昕，皆辟置幕下，委之军务。自李林甫死，杨国忠当国，公仍不见用，再三献赋，复不蒙省录。至是遂欲依翰，故因翰判官田梁丘投诗以示意，又别为诗赠田，乞为夤缘。《投赠哥舒开府翰二十韵》云："防身一长剑，将欲倚崆峒。"此投诗之主旨也。《赠田判官》诗云："陈留阮瑀争谁长，京兆田郎早见招，麾下赖君才并美，独能无意向渔樵？"仇注："阮瑀指高适，适本封丘尉，与陈留相近，他章云'好在阮元瑜'可证。高之入幕，必由田君所荐，故云早见招而幕下赖之。留意渔樵，公仍望其汲引也。"陈廷敬曰："考《王思礼传》，天宝十三载，吐谷浑苏毗王款塞，明皇诏翰应接。旧注以此当降王款朝（按《赠田》诗中有此语），是也。其谓报命而入朝，此意料之词，不见确据。考《帝纪》及《翰传》，天宝十三载，无翰入朝事。是年，翰遘风疾，因入京，废疾于家。田盖以使事入奏，当在翰未疾之先，非随翰入朝也。公所投诗，当是一时作，或即因田而投赠于翰也。"多按

《旧书·方伎·金梁凤传》:"天宝十三载,客于河西,……时因哥舒翰为节度使,诏入京师。"陈谓天宝十三载无翰入朝事,未确。其云公因田投诗于翰,则是也。岁中,张垍自卢溪召还,再迁为太常卿,公复上诗求助。《赠张卿》诗:"萍泛无休日,桃阴想旧蹊,吹嘘人所美,腾跃事仍暌,……顾深惭锻炼,才小辱提携。"朱注:"垍必尝荐公而不达,故有吹嘘、提携等句。"多按前此(约当天宝九载)尝赠张诗,张之荐公,当在其时。前诗云"傥忆山阳会",此诗亦云"桃阴想旧蹊",张必公之旧交。此诗又曰"几时陪羽猎,应指钓璜溪",是仍望其汲引也。又进《雕赋》,表中词益哀激。仇注:"表中云自七岁缀笔,向四十年,其年次又在进《三大礼赋》后,应是天宝十三载所作。"又云:"公三上赋而朝廷不用,故复托雕鸟以寄意。"秋后,淫雨害稼,物价暴贵,公生计益艰。本年春日作《醉时歌》曰:"杜陵野客人更嗤,被褐短窄鬓如丝,日籴太仓五升米,……得钱即相觅,沽酒不复疑。"然此特醉中作歌,一时豪语耳。《进封西岳赋表》云"退尝困于衣食",《进雕赋表》云"衣不盖体,尝寄食于人,奔走不暇",则庶几近实。《示从孙济》云:"所来为宗族,亦不为盘飧。小人利口实,薄俗难具论,勿受外嫌猜,同姓古所敦。"似是乏食之际,屡从济就食,因见猜疑,而有此作,其事可笑,其情尤悲。《秋雨叹》云:"城中斗米换衾裯。"就食于济,盖即在其时。遂携家往奉先,馆于廨舍。《桥陵诗》云:"辔轲辞下杜,飘飘凌浊泾,诸生旧短褐,旅泛一浮萍,荒岁儿女瘦,暮途涕泗零。主人念老马,廨署容秋萤。流寓理岂惬?穷愁醉不醒。"按曰:"荒岁儿女瘦。"明此行携家与俱。公妻子已于本年至奉先,故明年得自京赴奉先就妻子也。

天宝十四载乙未(755)十一月,安禄山反,陷河北诸郡;郭子仪为朔方副节度使。十二月东京陷,哥舒翰为兵马副元帅,守潼关;高适拜左拾遗,转监察御史。王昌龄为闾丘晓所杀。

公四十四岁。在长安。岁中往白水县,今陕西关中道白水县,唐属左冯翊同州。省舅氏崔十九翁。时崔为白水尉。九月,同崔至奉先。公夫人杨氏。《九日杨奉先会白水崔明府》之杨奉先,疑即其内家之为奉先令者。公自去秋移家来奉先,即依此人。公与杨若非亲近,则妻子岂得寄寓于廨署?十月,归长安,授河西尉,不拜,《夔府咏怀》:"昔罢河西尉,初兴蓟北师。"河西县故城在今云南河西县境。改右卫率府胄曹参军。《官定后戏赠》:"不作河西尉,凄凉为折腰,老夫怕趋走,率府且逍遥。耽酒须微禄,狂歌托圣朝。故山归兴尽,回首向风飚。"公辞尉就率府,取其逍遥,得以饮酒狂歌耳。然亦不得已,故有回首故山之慨。《去矣行》:"野人旷荡无覥颜,岂可久在王侯间?未试囊中餐玉法,明朝且入蓝田山。"盖既得官后,又未尝一日不思去也。十一月,又赴奉先探妻子,作《自京赴奉先咏怀五百字》。岁暮,丧幼子。见《咏怀五百字》。

天宝十五载"即至德元载"丙申(756)正月,安禄山僭号于东京;李光弼为河东节度副使。六月,哥舒翰战败于灵宝西,禄山陷潼关。玄宗奔蜀,出延秋门,次马嵬,陈玄礼杀杨国忠,贵妃自缢。禄山陷京师。七月,上传位于太子(起居舍人知制诰贾至撰册），改元。李泌至灵武。回纥吐蕃请助国讨贼。八月，安禄山取长安乐工犀象诣洛阳，宴其群臣于凝碧池。十月，房琯为招讨节度使，与贼战于陈陶斜，败绩。永王璘反，率兵东下，引李白为僚佐。十二月，高适为淮南节度使，讨永王璘。是年，岑参领伊西北庭度支副使。郎士元、皇甫冉登进士第。

公四十五岁。岁初在长安。有《苏端薛复筵简薛华醉歌》及《晦日寻崔戢李封》诗。五月，至奉先避难，携家往白水，寄居舅氏崔少府高斋。《白水崔少府十九翁高斋三十韵》曰："客从南县来，……况当朱炎赫。"钱笺："《寰宇记》'蒲城县，本汉重泉县地，后魏分白水县，置南白水县，以在白水之南为名，废帝三年改为蒲城，开元中改为奉先'。公从奉先来，循其旧名，故曰'南'。"诗又曰："高斋坐林杪，信宿游衍阒……始知贤主人，赠此遣愁寂。"六月，又自白水，取道华原，《三川观水涨二十韵》："我经华原来。"三川县属鄜州。赴鄜州。今陕西榆林道鄜县。至三川县同家洼，寓故人孙宰家。《元和郡县志》："同州白水县，汉彭衙县地。"各注谓彭衙属鄜州，非也。公《彭衙行》曰"忆昔避贼初，北走经险艰，夜深彭衙道，月照白水山"，盖述初发白水时情景也。同家洼则途中所经地，故人孙宰居焉，因留其家。《彭衙行》述此行避乱之颠末甚悉，曰："……尽室久徒步，逢人多厚颜，参差谷鸟吟，不见游子还。痴女饥咬我，啼畏虎狼闻，怀中掩其口，反侧声愈嗔。小儿强解事，故索苦李餐。（以上叙初发白水，途中儿女颠连之苦。）一旬半雷雨，泥泞相攀牵,既无御雨备,径滑衣又寒。有时经契阔,竟日数里间。野果充糇粮,卑枝成屋椽,早行石上水,暮宿天边烟。(以上叙雨后行寨、困顿流离之状。)小留同家洼,欲出芦子关。故人有孙宰,高义薄曾云,延客已曛黑,张灯启重门,暖汤濯我足,剪纸招我魂。从此出妻孥,相视涕阑干,众雏烂熳睡,唤起沾盘飧——'誓将与夫子,永结为弟兄!'遂空所坐堂,安居奉我欢。"(以上叙孙宰晋接及周恤之情谊。)又《三川观水涨二十韵》所纪亦同时事,诗曰:"我经华原来,不复见平陆,北上惟土山,(按《元和郡县志》:"土门山在华原县东南四里。")连天走穷谷。火云出无时,飞电常在目。自多穷岫雨,行潦相豗蹙,蓊匌川气黄,群流会空曲。清晨望高浪,忽谓阴崖踣——恐泥窜蛟龙,登危聚麋鹿,枯查卷拔树,礧磈共充塞,声吹鬼神下,势阅人代速……"按前诗言途中苦雨,此亦言多雨而致川涨,所指宜即一事。闻肃宗即位灵武,即留妻子于三川,后有《述怀》诗曰:"寄书问三川,不知家在否。"子身从芦子关奔行在所。途中为贼所得,遂至长安。九月,于长安路隅遇宗室子弟,乞舍身为奴,感恸作《哀王孙》。

至德二载丁酉(757)二月,肃宗幸凤翔。永王璘败,李白亡走彭泽,坐系浔阳狱。九月,收西京。十月,尹子奇久围睢阳,城陷,张巡、许远死之。收东京,肃宗自凤翔还长安。苏源明知制诰。十二月,上皇自蜀至,居兴庆宫。大封蜀郡灵武扈从功臣;陷贼官六等定罪,郑虔、王维、储光羲、卢象、李华等皆贬官。是年刘长卿为鄂岳观察使,因吴仲孺诬奏,贬南巴尉。高适下除太子少詹事,归东都。严维、顾况登进士第。

公四十六岁。春陷贼中,在长安,时从赞公苏端游。赞公,大云经寺僧,尝以青丝履白氎巾赠公。《雨过苏端》:"杖藜入春泥,无食起我早。诸家忆所历,一饭迹便扫,苏侯得数过,欢喜每倾倒。"又曰:"况蒙霈泽垂,粮粒或自保。"可知陷贼之际,公衣食颇仰给于此二人也。同年三月作《喜晴》曰:"春夏各有实,我饥岂无涯?"《送程录事还乡》曰:"内愧突不黔,庶盖以赒给。"四月,自金光门出,间道窜归凤翔,后有诗题"至德二载,甫自京金光门出,间道归凤翔;乾元初,从左拾遗移华州掾,与亲故别,因出此门,有悲往事。"诗曰:"此道昔归顺,西郊胡骑繁,至今犹破胆,应有未招魂。"《自京窜至凤翔喜达行在所》:"生还今日事,间道暂时人。"述途中之危险也;又曰:"影静千官里,心苏七校前。"志归后之欢欣也。《述怀》:"今夏草木长,脱身得西走,麻鞋见天子,衣袖露两肘。"即史所谓"羸服窜归"者也。五月十六日,拜左拾遗。钱笺:"甫拜拾遗,在至德二载五月十六日,命中书侍郎张镐赍符告谕。今湖广岳州府平江县裔孙杜富家,尚藏此敕。敕用黄纸,高广可四尺,字大二寸许,年月有御宝,宝方五寸许。"按敕文载林侗《来斋金石考略》称"襄阳杜甫(云云)"白居易为左拾遗时赋诗曰:"岁愧俸钱三十万。"是月,房琯得罪,公抗疏救之,肃宗怒,诏三司推问,张镐、韦陟等救之,仍放就列。本传:"甫与房琯为布衣交。琯以客董庭兰罢宰相。甫上疏言罪细,不宜免大臣。帝怒,诏三司推问。宰相张镐救之,得解。"公《祭房公文》曰:"拾遗补阙,视君所履。公初罢印，人实切齿。甫也备位此官，盖薄劣耳，见时危急，敢爱生死？君何不闻，刑欲加焉？伏奏无成，终身愧耻。"集中又有《谢敕放三司推问状》，文繁不录。又《壮游》曰："备员窃补衮，忧愤心飞扬，上感九庙焚，下悯万民疮，斯时伏青蒲，廷诤守御床，君辱敢爱死，赫怒幸无伤。"《秋日荆南述怀三十韵》曰："迟暮宫臣忝，艰危衮职陪，扬镳随日驭，折槛出云台，罪戾宽犹活，干戈塞未回。"《建都十二韵》曰："牵裾恨不死，漏网辱殊恩。"并指此事。按《唐书·韦陟传》，陟亦尝奏公言不失谏臣体，帝由是疏之。则当时论救者，不独一张镐矣。六月同裴荐等四人荐岑参，为《补遗荐岑参状》一首今载集中。闰八月，墨制放还鄜州省家。《北征》："皇帝二载秋，闰八月初吉（按朔日也），杜子行北征，苍茫问家室，……顾惭私恩被，诏许归蓬荜，拜辞诣阙下，怵惕久未出。……"于是徒步出凤翔至邠州始从李嗣业借得乘马。见《徒步归行》。归家，卧病数日。《北征》："老夫情怀恶，呕泄卧数日。"作《北征》。十一月，自鄜州至京师。《收京三首》仇注曰："此当是至德二载十月，在鄜州时作。诗云：'生意甘衰白，天涯正寂寥，忽闻哀痛诏，又下圣明朝。'此明是在家闻诏。按肃宗于至德元年七月十三日甲子即位灵武，制书大赦；二年十月十九日，帝还京；十月二十八日壬申，御丹凤楼下制，前后两次闻诏，故云'又下'也。是时公尚在鄜州，其至京当在十一月。《年谱》谓十月扈从还京，与诗不合。当以公诗为正。至于上皇回京，十二月甲寅之赦，又在其后，旧注错引。"

乾元元年戊戌(758)正月,刘长卿摄海盐令。春,贾至出为汝州刺史。四月,上亲享九庙。六月,贬房琯为邠州刺史,下制数其罪,刘秩,严武等俱贬。七月,高适出为彭州刺史。是年,李白流夜郎。苏端登进士第。

公四十七岁。任左拾遗。春,贾至、王维、岑参皆在谏省,时贾王并为中书舍人,岑为右补阙。时共酬唱。《寄贾至严武五十韵》述居谏省时生活最详,曰:"月分梁汉米,春给水衡钱,内蕊繁于缬,官莎软胜绵,恩荣同拜手,出入最随肩,晚著华堂醉,寒重绣被眠,辔齐兼秉烛,书杠满怀笺。"时毕曜亦在京师,居公之邻舍。《偪侧行赠毕四曜》:"我居巷南子巷北,可怜邻里间,十日不一见颜色。"(鹤注:此当是乾元元年春在谏院作,故诗中有朝天语。)《赠毕四曜》:"同调嗟谁惜,论文笑自知。"(鹤注:"乾元二年,公在秦州,有贺毕曜除监察御史诗,今云宦卑,是尚未迁官时作,当在乾元元年。")四月,上亲享九庙,公得陪祀。《往在》:"前春礼郊庙,祀事亲圣躬,微躯忝近臣,景从陪群公。登阶捧玉册,峨冕聆金钟,侍祠恧先路,掖垣迩濯龙。"仇曰:"《唐史》肃宗还京,在至德二年十月,其亲享九庙及祀圜丘,在乾元元年四月。鹤注谓'前年春'疑误。"六月,房琯因贺兰进明谮,贬为邠州刺史;公坐琯党,出为华州司功参军。客岁四月,自京出金光门,间道窜归凤翔,至本年六月,即因谮左迁,仍出此门,抚今思昔,感慨赋诗,诗曰"移官岂至尊",指贺兰进明也。到华州后一月,有《早秋苦热堆案相仍》诗曰:"七月六日苦炎蒸,对食暂餐还不能,常愁夜来皆是蝎,况乃秋后转多蝇。束带发狂欲大叫,簿书何急来相仍!"王嗣奭曰:"州牧姓郭,公初至,即代为试进士策问,与进灭绝寇状,不过挟长官而委以笔札之役,非重其才也。公厚于情谊,虽邂逅一饮,必赋诗以致感佩之私。……郭与周旋一载,公无只字及之,其人可知矣。"是秋,尝至蓝田县访崔兴宗、王维。蓝田距华州八十里,县东南有蓝田山,又名玉山,一名东山,崔兴宗、王维别墅并在焉,(即辋川别墅,王维《辋川别业》:"不到东山向一年。")公《九日蓝田崔氏庄》,黄鹤编在乾元元年。又有《崔氏东山草堂》,与前诗同时作,诗云:"何为西庄王给事,柴门空闭锁松筠?"给事即王维也。维晚年得宋之问辋川别墅,在张通儒囚禁之后,其复拜给事中,在乾元元年,明年则转尚书右丞矣。诗曰"柴门空锁",是未遇维也。故后《解闷十二首》云:"不见高人王右丞,蓝田丘壑蔓寒藤。"时裴迪应亦在蓝田,不知与公相见否。冬末,以事归东都陆浑庄,尝遇孟云卿于湖城县城东。初遇云卿,不知在何时,有诗题曰:"冬末以事之东都,湖城东遇孟云卿,复归刘颢宅宿,宴饮散,因为醉歌。"鹤注云:"当是乾元元年冬,自华州游东都作。"诗云:"疾风吹尘暗河县,行子隔手不相见,湖城城东一开眼,驻马偶识云卿面。……"

乾元二年己亥(759)岑参自右补阙转起居舍人,寻署虢州长史。王维转尚书右丞。李白至巫山,遇赦释还。权德舆生。

公四十八岁。春,自东都归华州,途中作"三吏""三别"六首。时属关辅饥馑。遂以七月弃官西去,度陇,赴秦州。按《旧书》:"乾元二年四月癸亥,以久旱徙市雩祭祈雨。"《通鉴》:"时天下饥馑,九节度围邺城,诸军乏食,人思自溃。"此与公诗《夏日叹》正合。《唐书》本传:"甫为华州司功,属关辅饥,弃官客秦州。"盖是时东都残毁,既不可归,长安繁侈,又难自存(在秦州《寄高岑三十韵》:"无钱居帝里,尽室在边疆。"惟秦州得雨,秋禾有收。)《遣兴三首》"耕田秋雨足,禾黍以映道",《赤谷西崦人家》"径转山田熟",《雨晴》"久雨不妨农",因携家徙居焉。至秦,居东柯谷。《通志》:"东柯谷,在秦州东南五十里,杜甫有祠于此。"宋栗亭令王知彰记云:"工部弃官,寓东柯谷侄佐之居。"赵傁曰:"《天水图经》载秦州陇城县,有杜工部故居,及其侄佐草堂,在东柯谷之南麦积山瑞应寺上。"按公以七月至秦州,十月赴同谷,此所记皆因暂寓而言之耳。《秦州杂诗》:"传道东柯谷,深藏数十家,对门藤盖瓦,映竹水穿沙,瘦地偏宜粟,阳坡可种瓜。"又曰"东柯好崖谷,不与众峰群,落日邀双鸟,晴天卷片云"——东柯景物,见于公诗者,略如此。是时,有《梦李白二首》,《天末怀李白》,《寄李白二十韵》。李时被罪,在谪戍中。又有寄高适、岑参、贾至、严武、郑虔、毕曜、薛据及张彪诗。时赞公亦谪居秦州,《宿赞公土室》"数奇谪关塞",《宿赞公房》"放逐宁违性",《别赞上人》"赞公释门老,放逐来上国";赵仿曰:"赞公亦房相之客,时被谪秦州,公故与之款曲如此。"按史称房琯好谈佛老,赵说是也。尝为公盛言西枝村之胜,因作计卜居。置草堂,未成,会同谷宰来书言同谷可居,遂以十月,赴同谷。《寄赞上人》:"近闻西枝西,有谷杉黍稠,亭午颇和暖,石田又足收,……徘徊虎穴上,面势龙泓头。"

卢注:"西枝西曰'有谷',定指同谷。'近闻',必指同谷邑宰书。公《至同谷界》:'邑有贤主人,来书语绝妙',此可相证。《同谷七歌》云:'南有龙兮在山湫',后《发同谷诗》云:'停骖龙潭云,回首虎崖石',诗云虎穴龙泓,指此无疑。"按公既居东柯,其地有山水之胜,瓜粟之饶,尝思终老矣。故《秦州杂诗》曰"东柯遂疏懒,休镊鬓毛斑",曰"采药吾将老,儿童未遗闻",曰"为报鸳行旧,鹪鹩在一枝"。然此一时之感想也。《秦州杂诗》开章便云:"满目悲生事,因人作远游。"(此指侄佐也。《示侄佐》原注:"佐草堂在东柯谷。"佐居东柯,公来秦可依者惟此人,故亦居东柯。)《佐还山后寄三首》曰"旧谙疏懒叔,须汝故相携",《示侄佐》曰"自闻茅屋趣,只想竹林眠",又尝索佐寄米寄薤,(《佐还山后寄三首》"白露黄粱熟,……颇觉寄来迟","甚闻霜薤白,重惠意如何"?)又有《阮隐居致薤三十束》诗。此皆可证是时生计,仍仰给于人,则秦州之居终非长久计矣。《发秦州》一篇,于公去东柯就同谷之理由,言之綦详。诗曰:"我衰更懒拙,生事不自谋,无食问乐土,无衣思南州。汉源十月交,天气如凉秋,草木未黄落,况闻山水幽。栗亭(栗亭镇,属成州同谷县)名更嘉,下有良田畴,充肠多薯蓣,崖蜜亦易求,密竹复冬笋,清池可方舟,虽伤旅寓远,庶遂平生游(按此上言同谷之当居)。此邦俯要冲,实恐人事稠,应接非本性,登临未销忧,溪谷无异石,塞田始微收,岂复慰老夫,惘然难久留。"(按此上言秦州之当去。)途经赤谷,铁堂峡,盐井,寒峡,法镜寺,青阳峡,龙门镇,石龛,积草岭,泥功山,凤凰台,皆有诗。至同谷,居栗亭。钱谦益曰:"《寰宇记》:同谷县有栗亭镇。咸通中,刺史赵鸿刻石同谷,曰'工部题栗亭十韵,不复见'。鸿诗曰'杜甫《栗亭》诗,诗人多在口,悠悠二甲子,题记今何有'?"多按鸿又有《杜甫同谷茅茨》诗,咸通十四年作;曰"工部栖迟后,邻家大半无,青羌迷道路,白社寄杯盂……"贫益甚,拾橡栗掘黄独以自给,《同谷七歌》:"岁拾橡栗随狙公,天寒日暮山谷里。"《新书》本传"甫客秦州,负薪采橡栗自给",以同谷为秦州,误也。《七歌》第二章:"长镵长镵白木柄,我生托子以为命。黄独无苗山雪盛,短衣数挽不掩胫。此时与子空归来,男呻女吟四壁静。"写当时贫况,尤惨绝。居不逾月,又赴成都。《发同谷县》:"始来兹山中,休驾喜地僻,奈何迫物累,一岁四行役!"始以为可休驾矣,乃生计之迫益甚,故不得不去之也。以十二月一日就道,《发同谷县》原注:"乾元二年十二月一日自陇右赴成都纪行。"经木皮岭,白沙渡,飞仙阁,五盘岭,龙门阁,石柜阁,桔柏渡,剑门,鹿头山,岁终至成都,《成都府》:"初月出不高,众星尚争光。"盖当下弦矣。寓居浣花溪寺。《酬高使君相赠》:"古寺僧牢落,空房客寓居。"《成都记》:"草堂寺在府西七里,极宏丽,僧复空居其中,与杜员外居处逼近。"赵清献《玉垒记》:"公寓沙门复空所居。"按明年有《赠蜀僧闾丘师兄》诗,不知即其人否。时高适方刺彭州,公甫到成都,适即寄诗问讯。《酬高使君相赠》:"故人供禄米,邻舍与园蔬。"《杜臆》以为故人指裴冕,恐非是。后有《卜居》诗云:"主人为卜林塘幽。"黄鹤、鲍钦止等亦皆以为是裴冕。顾宸曰:"裴若为公结庐,则诗题当标'冀公',而诗中亦不当以主人卜林塘一句轻叙矣。"按顾说是也。史称裴冕无学术,又贪嗜货利,其人鄙陋,恐非能知公者。后又有《寄裴施州》诗,朱鹤龄已证其别为一人。则公与裴始终未尝发生关系也。此后《江村》诗云"但有故人供禄米",《狂夫》云"厚禄故人书断绝,恒饥稚子色凄凉",当与前是一人,其姓氏则不可考耳。或以为即高适,未闻其审。

上元元年庚子(760)高力士配流巫州。高适改蜀州刺史。元结撰《箧中集》。

公四十九岁。在成都。春卜居西郭之浣花里,《寰宇记》:"浣花溪,在成都西郭外,属犀浦县。"表弟王十五司马遗贽营造,徐卿疑即知道、萧实、何邕、韦班应物侄,三明府供果木栽,开岁始事,《寄题江外草堂》:"经营上元始。"季春落成。《堂成》:"频来语燕定新巢。"按《寄题江外草堂》:"诛茅初一亩,广地方连延,……敢谋土木丽,自觉面势坚,亭台随高下,敞豁当清川。"《绝句漫兴九首》"野老墙低还是家",此草堂结构之大概也。《送韦郎司直归成都》原注"余草堂在成都西郭",《绝句三首》"茅堂石笋西"(石笋街在成都西门外),《西郊》"时出碧鸡坊,西郊向草堂",《堂成》"背郭堂成荫白茅",《遣闷呈严二十韵》"南江绕舍东",《卜居》"浣花流水水西头",《狂夫》"万里桥西一草堂",《怀锦水居止》"万里桥南宅",《遣闷呈严二十韵》"西岭纡村北",《怀锦水居止》"雪岭界天白",《怀锦水居止》又曰"百花潭北庄",《狂夫》"百花潭水即沧浪"。据此则草堂背成都郭,在西郊碧鸡坊石笋街外,万里桥南,百花潭北,浣花溪西,而北望则可见西岭也。陆游云:"少陵有二草堂,一在万里桥西,一在浣花,皆见于诗中。"按公实无二草堂,放翁在蜀久,顾不辨此,何哉?宋京《草堂诗》云:"野僧作屋号'草堂',不是柴门旧时处。"放翁必以野僧所营者误为公之草堂矣。时韦偃寓居蜀中,尝为公画壁,见《题壁上韦偃画马歌》。又有《戏题王宰画山水图歌》,梁氏亦编在上元元年成都诗内。然玩诗意,当是公见宰此图而作歌,图非公所有也。《戏为韦偃双松图歌》亦此类。初秋,暂游新津,晤裴迪,《和裴迪登新津寺寄王侍御》鹤注:"此必公暂如新津,与裴同至寺中,故有此作。当在上元元年。蜀至成都才数百里,故可唱和也。"多按诗云:"吟诗秋叶黄,蝉声集古寺。"则是作于初秋,然《赠闾丘师兄》、《泛溪》、《南邻》、《野老》诸诗,皆作于成都,而时序与《和裴诗》略同,知公在新津未尝久留也。秋晚,至蜀州,晤高适。《奉简高三十五使君》:"行色秋将晚,交情老更亲,天涯喜相见,披豁对吾真。"仇曰:"高由彭州刺蜀州,公时在蜀;《年谱》云:'上元元年,间常至蜀州之青城新津。'是也。"冬,复在成都。《建都》、《村夜》以下诸诗可证。

上元二年辛丑(761)二月,崔光远代李若幽为成都。三月,段子璋反于东川,陷绵州,东川节度使李奂奔成都。五月,崔光远擒子璋,牙将花敬定恃功大掠。十二月,严武为成都尹。是年,王维卒。

  公五十岁。居草堂。开岁又往新津,二月归成都。《题新津北桥楼》《游修觉寺》,朱氏并编在上元二年。前诗云"望极春城上",后诗云"吾得及春游",知本年春,公又在新津。然《漫成二首》曰"江皋已仲春",《春水生二绝》曰"二月六夜春水生",《绝句漫兴九首》曰"二月已破三月来",《春水》曰"三月秋花浪",《江亭》曰"寂寂春将晚",并《寒食》首皆成都诗,旧皆编在上元二年。故知公再游新津,必在是年二月前,其返成都,则至迟在二月初也。秋至青城,《野望因过常少仙》:"秋望转悠哉,竹覆青城合……"草堂本编在上元二年。旋又归成都。鹤注《石犀行》:"上元二年秋八月,灌口损户口,故作是诗。"(石犀在成都府城南三十五里)又《楠树为风雨所拔叹》,及《茅屋为秋风所破歌》,草堂本并编在上元二年成都诗内。是时多病,《一室》:"巴蜀来多病。"生计艰窘,《百忧集行》:"强将笑语供主人,悲见生涯百忧集。入门依旧四壁空;老妻笑我颜色同。痴儿不知父子礼,叫怒索饭啼门东。"鹤据诗中"只今倏忽已五十"句,定为上元二年所作。同时作《茅屋为秋风所破歌》《赴青城县出成都寄陶王二少尹》《重简王明府》《一室》《病柏》《病橘》《枯棕》《枯楠》诸诗,意绪并同,皆客寓穷愁之感,知是时公生计又颇艰也。《百忧集行》"强将笑语供主人"句,黄鹤以为指崔光远,史云光远无学仕气,宜与公不相合也。始有迁地吴楚之念。《一室》:"巴蜀来多病,荆蛮去几年?应同王粲宅,留井岘山前。"《逢唐兴刘主簿弟》:"轻舟下吴会,主簿意如何?"盖欲约刘东下,故问之。冬,高适至成都,尝同王抡过草堂会饮。有诗题"王十七侍御抡许携酒至草堂,奉寄此诗,便请邀高三十五使君同到"。后又有《王竟携酒高亦同过》诗。

代宗宝应元年壬寅(762)四月,玄宗肃宗相继崩,代宗即位。七月,严武召还,高适为成都尹;徐知道反,以兵守剑阁,武不得出。八月,知道为其下所杀。是年,李白卒,李阳冰编白集。郎士元补渭南尉。

公五十一岁。自春至夏,居草堂。与严武唱和甚密,武时有馈赠。见《谢严中丞送青城道乳酒》及《严公仲夏枉驾兼携酒馔》等诗。七月,送严武还朝,以舟至绵州,抵奉济驿,登陆,遂分手而还。《奉济驿重送严公四韵》,郭知达本注:"奉济驿在绵州(?)三十里。"会徐知道反,道阻,乃入梓州。《戏题寄上汉中王三首》原注"时王在梓州……"诗云:"群盗无归路,衰颜会远方。"盖将赴梓州时作也。《从事行》:"我行入东川(东川节度使治所在梓州),十步一回首,成都乱罢气萧索,浣花草堂亦何有?"秋末,回成都迎家至梓,仇曰:"《年谱》谓宝应秋末,公回成都迎妻子。遍考诗中,无一语记及,知公未尝回成都矣。"多按《寄题江外草堂》,黄鹤编在广德元年。李泰伯云公在梓州,怀思草堂而作是诗。诗曰:"偶弃老妻去,惨澹凌风烟。"似指徐知道乱后,携家出成都事。然则公实尝回成都取家矣。仇又据《舍弟占归草堂检校》诗"熟知江路近,频为草堂回"之句,以为迎家至梓,必弟占代任其事。不知"频为草堂回",乃公嘱弟之语,意甚明,与迎家至梓事何涉?又按明年《九日》诗云:"去年登高郪县北。"郪县,梓州治也。九日登高于县北,则赴成都迎妻子，必在重九后，《谱》云秋末赴成都，盖有据也。然颇有东游之意。《奉赠射洪李四丈》："东征下月峡，挂席穷海岛，万里须十金，妻孥未相保。"十一月，往射洪县，《野望》"仲冬风日始凄凄"，又曰"射洪春酒寒仍绿"，知至射洪时，正十一月也。到金华山玉京观，寻陈子昂读书堂遗迹，《冬到金华山观因得陈公学堂遗迹》："陈公读书堂，石柱仄青苔，悲风为我起，激烈伤雄才。"按李、杜、韩、柳皆推重子昂（见李阳冰《太白集序》，韩愈送《孟东野序》及《荐士》诗，柳宗元《杨评士文集序》），而公倾心尤甚。在绵州时《送梓州李使君之任》诗云："遇害陈公殒，于今蜀道怜，君行射洪县，为我一潸然。"《陈拾遗故宅》云："位下曷足伤，所贵者圣贤，有才继骚雅，哲匠不比肩，公生扬马后，名与日月悬。……终古立忠义，《感遇》有遗篇。"他人但称其文字复古之功，公独兼颂其人格之伟大，可以占其怀抱矣。又访县北东武山子昂故宅。《陈拾遗故宅》："拾遗平昔居，大屋尚修椽，修扬荒山日，惨澹故园烟。"又："彦昭超玉价，郭震起通泉，到今素壁滑，洒翰银钩连。"盖赵彦昭、郭元振题壁尚在也。旋复南之通泉县，访郭元振故居，于庆善寺观薛稷书画壁。鹤注《过郭代公故宅》："郭公，魏州贵乡人，宅在京师宣阳里。今云故宅，当是尉通泉时所居。"《观薛稷少保书画壁》云："画藏青莲界，书入金榜悬。仰看垂露姿，不崩亦不骞，郁郁三大字，蛟龙岌相缠。又挥西方变，发地扶屋椽，惨澹壁飞动，到今色未填。"《舆地纪胜》："薛稷书'慧普寺'三字，径三尺许，在通泉县庆善寺聚古堂。"米芾《海岳名言》："薛稷书'慧普寺'，老杜以为'蛟龙岌相缠'。今见其本，乃如奈重儿握蒸饼势，信老杜不能书也。"又曰："老杜作薛稷'慧普寺'诗云'郁郁三大字，蛟龙岌相缠。'今有石本，得视之，乃是勾勒，倒收笔锋，笔笔如蒸饼。'普'字如人伛两拳，伸臂而立，丑怪难状。"赵曰："稷书'慧普寺'三字乃真书，傍有赑屃缠捧，此其'蛟龙岌相缠'也。稷所画西方变相则亡。"张远注："'发地扶屋椽'，谓西方之像起自地面，直至屋椽。"又于县署壁后观稷所画鹤。见《通泉县署壁后薛少保画鹤》诗。《名画录》："又蜀郡亦有（稷）鹤并佛像菩萨等，传于世，并称神品。"

广德元年癸卯(763)岁初，岑参自虢州长史入为太子中允。夏，章彝守梓州。八月，房琯卒。秋后，高适御吐蕃无功。十月，吐蕃陷长安，代宗幸陕州。是年，元结除道州刺史。耿沣登进士第。

公五十二岁。正月，在梓州，闻官军收河南河北，便欲还东都，俄而复思东下吴楚。《春日梓州登楼二首》："厌蜀交游冷，思吴胜事繁，应须理舟楫，长啸下荆门。"仇曰："盖恐北归未能，转作东游之想也。"按《春晚有双燕》诗曰："今秋天地在，吾亦离殊方。"亦指东游而言也。间尝至阆州，因游牛头、兜率、惠义诸寺。既归梓，又因送辛员外，至绵州。仇注《巴西驿亭观江涨呈窦使君二首》曰："宝应元年夏，公送严武至绵州，广德元年春，公在梓州，有《惠义寺送辛员外》诗，中云'细草残花'，盖春候也，末云'宜到绵州'，盖重至绵州矣。此诗末章言春暮，正其时也。今依黄鹤编在广德元年春绵州作。黄谓《年谱》脱漏,是也。"多按自惠义寺送辛员外同至绵州,寺在郪县北,而郪县即梓州治,则是归梓州后,再至绵州也。自绵归梓,《涪城县香积寺官阁》"寺下春江",《涪江泛舟送韦班归京》"伤春一水间",与前绵州诗节候同。涪城在梓州西北五十五里,绵州又在涪州西北,故知至绵州后,尝归梓州,盖涪城为自绵归梓必经之地也。又往汉州。《旧书·房琯传》:"宝应二年(即广德元年)四月,拜特进刑部尚书。"公《陪王汉州留杜绵州泛房公西湖》云"旧相追思后",《得房公池鹅》云"为报笼随王右军"(以房公在途次也),朱云二诗"俱及房公赴召,则广德元年春,公尝至汉州矣。旧《谱》不书,略也"。仇曰:"今按《唐书》谓召琯在宝应二年之夏,……恐误也。据此诗,春末盖已赴召矣。"夏返梓州。时章彝为刺史,公《陪章留后侍御宴南楼》曰"绝域长夏晚",又曰:"屡食将军第,仍骑御史骢。"知夏日,公复在梓也。初秋,复别梓赴阆。九月,祭房琯。琯以八月卒于阆州,公祭文题九月致祭。秋尽,得家书知女病,因急归梓。《客旧馆》旧次在广德元年梓州诗内,诗有"初秋别此亭"及"寒砧昨夜声"之句。仇曰:"《年谱》谓秋往阆州,冬晚复回梓州。据此诗,则是初秋别梓,秋尽复回也。"多按仇说是矣。《发阆州》曰:"女病妻忧归意急,秋花锦石谁能数?别家三月一书来,避地何时免愁苦!"别家三月,与初秋别梓,秋尽复回,时期正合。十一月,将出峡为吴楚之游。《将适吴楚留别章使君留后兼幕府诸公》,鹤编在广德元年十一月,云是代宗未还京时作,故诗云"重见衣冠走","黄屋今安否"。按公蓄念出峡,见于诗者,始自上元二年之秋。自是吟咏所及,数见不鲜。至本年春作《双燕》曰:"今秋天地在,吾亦离殊方。"同时《知歌行送祁录事归合州因寄苏使君》曰:"君今起拖春江流,余亦沙边具小舟,幸为达书贤府主,江花未尽会江楼。"江花,荷花也。秋晚自阆州归,作《客旧馆》曰:"无由出江汉,愁绪日冥冥。"则行期已届,犹不果就道,因而兴叹也。本年冬作《桃竹杖引》曰:"老夫复欲东南征,乘涛鼓枻白帝城。"则行期虽误,而东行之念,犹无时或忘也。至是而亲朋馈赆,行资已备(《留别章使君》曰:"相逢半新故,取别随薄厚。")且已赋诗取别,则居然启程有日矣。王嗣奭曰:"章留后,所为多不法,而待杜特厚。公诗屡谏不悛,想托词避去,乃保身之哲,不欲以数取疏也。不然,有此地主,不必去蜀,又何以别去,而终不去蜀耶?后章将入朝,公寄诗云'江汉垂纶',则公客阆州,去梓不远。"多按公蓄念出蜀,三年于兹,(《草堂》:"贱子且奔走,三年望东吴。")踌躇至是,始果成行,想行旅所资,出于章留后之助居多。其所以卒抵阆而返者,则以严武回蜀故,初非始念所及也。谓公之于章,屡谏不悛,颇怀失望,则有之。若曰诡词去蜀,意在避章,诬公甚矣。后至阆州作《游子》曰:"巴蜀愁谁语,吴门兴杳然。"知公东游之行,非虚饰矣。矧其时方有功曹之补,徒因欲下峡,遂不赴召,则其立意之坚决,尚有何可疑?于是命弟占归成都检校草堂,公之来蜀,四弟唯占与俱。自客岁移家至梓,离草堂且一年矣,至是始命占往检校,临行示诗曰:"久客应吾道,相随独尔来,熟知江路近,频为草堂回。鹅鸭宜长数,柴荆莫浪开;东林竹影薄,腊月更须栽。"其意盖终当归住草堂,故命弟频往检点,使勿就芜废。前此有《寄题江外草堂》诗;又有句云:"为问南溪竹,抽梢合过墙?"(送《韦郎司直归成都》,原注:"余草堂在成都西郭。")又云:"我有浣花竹,题诗须一行。"(《送窦九归成都》)后此归至草堂有诗云:"不忍竟舍此,复来薙榛芜。"知此数年间,东西奔突,实无一日忘怀于草堂也。

广德二年甲辰(764)二月,严武再镇蜀。章彝罢梓州刺史东川留后,将入朝,严武因事杀之。三月,高适召还,为刑部侍郎,转左散骑常侍。九月,严武破吐蕃,拔当狗城;十一月,收吐蕃盐井城。是年,郑虔,苏源明相继卒。苏涣登进士第。

公五十三岁。春首,自梓州挈家东首出峡,先至阆州,后有自阆州携家却赴成都诗。公自成都移家至梓,在宝应元年。其自梓移阆,在何时,不见于诗。去秋因女病归家,时妻子犹在梓州。其来阆州当在本年春,意者此时作计出峡,必携家同行也。弟占独留在蜀,则《命占检校草堂诗》可证。会朝廷召补京兆功曹参军,以行程既定,不赴召。《别马巴州》原注:"时甫除京兆功曹,在东川。"《杜律演义》:"此必作于广德元年以后,盖不赴功曹之补,将东游荆楚,而寄别巴州也。"仇曰:"本传谓召补功曹,不至,在上元二年。王洙因之而误。蔡兴宗《年谱》编此诗在广德元年,亦尚未确。广德二年《奉侍严大夫》诗云:'欲辞巴徼啼莺合,远下荆门去鹢催;'此诗云:'扁舟系缆沙边久,独把钓竿终远去。'两诗互证,知同为二年所作矣。《杜臆》谓欲适楚,以严武将至,故不果行,此说得之。"二月,且离阆东去,闻严武将再镇蜀,大喜,遂改计却赴成都,《自阆却赴蜀山行》云:"不成向南国,复作游西川。"《奉侍严大夫》云:"殊方又喜故人来,重镇还须济世才,常怪偏裨终日待,不知旌节隔年回。欲辞巴徼啼莺合,远下荆门去鹢催,身老时危思会面,一生襟抱向谁开!"《归成都途中》云:"得归茅屋赴成都,直为文翁再剖符。"按自严武去蜀,公遽失所依,往来梓阆,彷徨久之,将欲出峡,则"孤矢暗江海,难为五湖游",(见《草堂》)将欲留居,则武夫暴厉,常有失身杯酒之虞。(见《将适吴楚留别章留后》)今闻严武再镇巴蜀,得重依故人,还居草堂,得非日暮途穷,意外之喜?故《却赴蜀山》诗(第三首)极言征途苦中之乐,《侍严大夫》诗叙严武之还,《途中寄严》诗预拟归来情事,亦皆喜溢词表,而既归草堂,作诗,历数"旧犬喜我来","邻里喜我归","大官喜我来","城郭喜我来",则直是乐不可支矣。三月,归成都。《春归》有"轻燕受风斜"语,黄鹤编在本年三月。六月,严武表为节度参谋,检校工部员外郎,赐绯鱼袋。见《新书》本传,《旧书》作上二年冬,误。《客堂》曰"台郎选才俊,自顾亦已极",又曰"上公有记者,累奏资薄禄",即指此。秋,居幕中,颇不乐,因上诗严武述胸臆,《遣闷呈严公二十韵》作于是年,诗曰"分曹失异同",谓与僚辈不合也;又曰"晓入朱扉启,昏归画角终,不成寻别业,未敢息微躬",谓礼数拘束,疲于奔走也。按周必大《益公诗话》:"韩退之《上张仆射书》云:'使院故事,晨入夜归,非有疾病事故,辄不许出。抑而行之,必发狂疾。'乃知唐藩镇之属,皆晨入昏归，亦自少暇。如牛僧孺待杜牧，固不以常礼也。"遂得乞假暂归草堂。《到村》以下，多草堂诗。仇注《到村》曰："此乞假而暂到村也。旧注谓是广德二年秋作，明年正月，遂辞幕归村矣。"今案上诗后乃准此假，想当然耳。是时，曹霸在成都，公作《丹青引》赠之。黄鹤定《韦讽宅曹将军画马图歌》、《送韦讽上阆州录事参军》两诗为广德二年作，此诗宜与同时。弟颖往齐州，《送舍弟颖赴齐州三首》，鹤定为广德二年秋成都作。诗曰"两弟亦山东"，仇曰："两弟谓丰与观。"多按大历元年有诗题曰："第五弟丰独在江左，近三四载，寂无消息……"诗曰"乱后嗟吾在"，又曰"十年朝夕泪"，是丰自天宝乱后，至大历元年，流落江左，凡十年矣。丰既在江左，则本年诗云"两弟亦山东"者，丰必不与。诗盖言颖赴齐后，并观为两弟在山东耳。大历二年《元日示宗武》仍云："不见江东弟，高歌泪数行。"（原注："第五弟漂泊在江左，近无消息。"）而同时又有《远怀舍弟颖观》等诗，云："阳翟空知处，荆南近得书。"以颖、观并提，知二人本同在一地，后乃分离，一往阳翟，一至荆南耳。此亦可作在山东者为颖与观之旁证。颖之初来成都，在何时，诗中不载。惟去年冬《命占检校草堂》诗云"相随独尔来"，明其时颖尚未至。颖之至成都，必在本年无疑，送颖诗又曰："诸姑今海畔。"考公《范阳卢氏墓志》，审言之女，薛氏所出者，适魏上瑜、裴荣期、卢正均，皆前卒，卢氏所出者，一适京兆王佑，一适会稽贺扮。此云在海畔，必贺氏姑也。岁晚，因事寄诗贾至。《别唐十五诫因寄礼部贾侍郎》，旧编在广德二年,以贾转礼部在是年,又知东都选也。张远注曰:"时唐十五必往东都赴举,公故寄诗为之先容也。"是年,与严武唱和最密。

永泰元年乙巳(765)正月,高适卒。四月,严武卒。五月,郭英乂为成都尹。九月,吐蕃、回纥入寇。十月,回纥受盟而还。郭英乂为兵马使崔旰所杀,邛州牙将柏茂琳、泸州杨子琳、剑南李昌夔皆起兵讨旰,蜀中大乱。是年,韦应物授京兆功曹,迁洛阳丞。令狐楚生。

公五十四岁。正月三日,辞幕府,归浣花溪。见《正月三日归溪上有作简院内诸公》。自春徂夏,居草堂。黄庭坚《题杜子美浣花醉图》摹写公此时之生活,最精妙,诗曰:"拾遗流落锦官城,故人作尹眼为青,碧鸡坊西作茅屋,百花潭水濯冠缨,故衣未补新衣绽,空蟠胸中书万卷。探道欲度羲黄前,论诗未觉《国风》远。干戈峥嵘暗寓县,杜陵韦曲无鸡犬,老妻稚子且眼前,弟妹漂零不相见。此公乐易真可人,园翁溪友肯卜邻,邻家有酒皆邀去,得意鱼鸟来相亲。浣花酒舡散车骑,野墙无主看桃李,宗文守家宗武扶,落日寒驴驮醉起。愿闻脱冠脱兜鍪,老儒不用千户侯。中原未得平安报,醉里眉攒万国愁。……"五月,携家离草堂南下,《去蜀》曰:"如何关塞阻,转作潇湘游。"则此行欲往湖南也。去岁,自梓州东下,其目的地亦系湖南,《桃竹杖引》及《留别章梓州》诗可证。至嘉州,有《青溪驿奉怀张之绪》诗,驿在嘉州。《狂歌行赠四兄》曰"今年思我来嘉州",知先至嘉州,因四兄之召也;诗又曰"女拜弟妻男拜弟",知妻子同行也。六月,至戎州。《宴戎州杨使君东楼》云"轻红擘荔枝",当是其年六月作。黄鹤曰:"黄山谷《在戎州食荔枝》诗云:'六月连山柘枝红',可知荔枝熟于六月也。"多按明年《解闷十二首》曰:"忆过泸戎摘荔枝,青枫隐映石逶迤。"即指此役。曰青枫,是在秋前也。自戎至渝州,候严六侍御,不到,先下峡。有诗题如此。入秋,至忠州,《禹庙》云"秋风落日斜",忠州临江县南有禹祠(见《方舆胜览》),知至忠时已入秋。居龙兴寺院。时有《宴忠州使君侄宅》诗,而《题忠州龙兴寺所居院壁》曰:"空看过客泪,莫觅主人恩。"仇曰:"使君必失于周旋,故有客泪主恩之慨。"按陆游有《游龙兴寺吊少陵寓居》诗,原注曰:"寺门外,江声甚壮。"九月,至云安县,有《云安九日郑十八携酒陪诸公宴》诗。因病,遂留居云安,《别常征君》云:"卧病一秋强",顾注:"永泰元年,自秋徂冬,公在云安,故云'卧病一秋强'。"多按《移居夔州》作"伏枕云安县",《客堂》"栖泊云安县,消中内相毒,旧疾廿载来,衰年得无足",《别蔡十四著作》"巴道此相逢,会我病江滨",《赠郑十八贲》"水陆迷畏途,药饵驻修龄",《客居》"我在路中央,生理不得论,卧愁病脚废……"《十二月一日三首》"肺病几时朝日边","茂陵著书消渴长",——此皆可证留居云安,因病故也。《杜鹃》"值我病经年",《峡中览物》"舟中得病移衾枕,洞口经春长薜萝",《寄薛三郎中璩》:"峡中一卧病,疟疠经冬春,春夏加肺病,此病盖有因,早岁与苏郑,痛饮情相亲。"——此可证明春犹未平复,不但"一秋强"也,又知得病之因,乃以早岁痛饮故耳。又合观前后诸诗,知病症有疟疠,有咳嗽("病肺"),又因久病而脚废。馆于严明府之水阁。仇注《水阁朝霁简云安严明府》:"时公居严之水阁,故作诗以赠之。"多按《赠郑十八贲》曰:"数杯资好事,异味烦县尹。"县尹即严。既留居水阁,又为致异味,知严款待之殷,故《简严》诗云"晚交严明府",喜交友之得人也。又按水阁之形胜,考之诗中,亦有足征者:《水阁朝霁简严诗》曰"东城抱春岑,江阁邻石面",《客居》曰"客居所居堂,前江后山根,下堑万寻岸,苍涛郁飞翻,葱青众木梢,邪竖杂石痕",《子规》曰"峡里云安县,江楼翼瓦齐,两边山木合,终日子规啼",《十二月一日三首》曰"日满楼前江雾黄",是也。

大历元年丙午(766)二月,杜鸿渐为东西川副元帅。秋后,柏茂琳为夔州都督。是年,岑参为嘉州刺史。窦叔向登进士第。薛据、孟云卿并在荆州。卢纶自鄱阳还京师约当此年。

公五十五岁。春,在云安。时岑参方为嘉州刺史,寄诗赠之。自乾元元年公与参同官两省,至大历元年,才九年,而诗云"不见故人十年余",此公误记耳。据杜确《岑参集》序,参自库部郎中出为嘉州刺史,杜鸿渐表为职方郎中,兼侍御史,列于幕府,无几使罢,寓居于蜀。鸿渐以本年二月为东西川副元帅。公诗题寄岑嘉州,原注曰:"州据蜀江外。"则必作于二月以前。诗云"泊船秋夜始春草",明指去年秋抵云安,至本年春,尚留居其地。诗作于大历元年春,盖无疑矣。春晚,移居夔州。《移居夔州》作曰:"伏枕云安县,迁居白帝城。"此诗又曰"春知催柳别",《船下夔州郭别王十二》曰"风起春灯乱",而《客堂》诗,诸家亦系于本年,诗曰"巴莺粉未稀，徼麦早向熟，……漠漠春辞木"，知公移居夔州，时在春晚矣。初寓山中"客堂"，《客堂》"舍舟复深出，宵窊一林麓"，《催宗文树鸡栅》"喧呼山腰宅"，知堂在山中。《贻华阳柳少府》"俱客古信州（按即夔州），结庐依毁垣，相去四五里，径微山叶繁"；又尝于墙东树鸡栅，堂下种莴苣，想其制必甚陋。《雨二首》云"殊俗状巢居"，《赠李十五丈别》云"峡人鸟兽居，其室附层巅"；元稹《通州》诗云："平地才应一顷余，阁栏都大似巢居。"自注："巴人都在山陂架木为居，自号'阁栏头'。"公今所居，即此类欤？秋日，移寓西阁。《中宵》"西阁百寻余，中宵步绮疏"，《西阁雨望》"滂沱朱槛湿，万虑倚檐楹"，《秋兴八首》"山楼粉堞隐悲笳"，《夜宿西阁呈元二十一曹长》"稍通绡幕霁"；绮疏绡幕，朱槛粉堞，与前居之客堂，迥不侔矣。《不离西阁三首》"江云飘素练，石壁断空青，沧海先迎日，银河倒列星"，则又特饶景物之胜，故诗又曰："平生耽胜事，吁骇始初经。"盖题曰"不离西阁"者，不忍离也。仇从《杜臆》云有厌居西阁意，大谬。集中凡题"西阁"诸诗，所记物候，咸属秋冬，知秋始来居此。同时诗中又有"草阁"之名，一称"西边阁"，《杜臆》以为别是一处。以《解闷十二首》"草阁柴扉星散居"，及《暮春》"沙上草阁柳新暗"之句证之，或然。秋后，柏茂琳为夔州都督，公颇蒙资助。《峡口二首》原注："主人柏中丞，频分月俸。"柏中丞，或误以为柏贞节，辩详王道俊《博议》。明年夏，有《园官送菜》，及《园人送瓜》诗，皆茂琳所致者。是年，多追忆旧游之作。

大历二年丁未(767)皇甫冉迁右补阙。

公五十六岁。在夔州。春,自西阁移居赤甲。《赤甲》"卜居赤甲迁居新,两见巫山楚水春",《入宅三首》"客居愧迁次,春色渐多添,花亚欲移竹,鸟窥新卷帘",又曰"乱后居难定,春归客未还",知移赤甲在春。三月,迁居瀼西草屋。去年冬作《瀼西寒望》曰"瞿塘春欲至,定卜瀼西居",是居瀼西之意,自去冬始也。《小园》曰"客病留因药,春深买为花",是春深时始买宅,与《暮春题瀼西新赁草屋五首》,及《卜居》"春耕破瀼西,桃红客若至"之句合也。《柴门》曰"约身不愿奢,茅栋盖一床",《夔府咏怀一百韵》曰"茅斋八九椽",曰"缚柴门窄窄",《暇日小园散病》曰"及乎归茅宇",《课小竖斫果林枝蔓》曰"病枕依茅栋"——知是草屋也。《上后园山脚》曰"小园背高冈",《柴门》曰"石乱上云气,杉清延日华",《课伐木》曰"舍西崖峤壮,雷雨蔚含蓄",《夔府咏怀一百韵》曰"阵图沙北岸,市暨瀼西巅,(原注:峡人目市井泊船处曰"市暨",江水横通山谷处,方人谓之"瀼"。)……堑抵公畦棱,村依野庙垠,缺篱将棘拒,倒石赖藤缠",《课小竖斫果木枝蔓》曰"篱弱门何向,沙虚岸只摧",《小园》曰"秋庭风落果,瀼岸雨颓沙",《课伐木序》曰"夔人屋壁列树白菊,鏝为墙,实以竹,示式遏,为与虎近"——宅周事物,无远近巨细,悉可考也。附宅有果园四十亩,明年出峡,以瀼西果园四十亩赠"南卿兄",又有诗题"课小竖锄斫舍北果林枝蔓荒秽净讫,移床三首",又有《阻雨不得归瀼西甘林》诗,曰"果树",曰"果林",曰"甘林",实即一处。果林在舍北,而《阻雨不得归甘林》曰"欲归瀼西宅,阻此江浦深",则甘林亦在舍傍也。仇曰:"公瀼西诗,有'果园',有'甘林'。果园四十亩,他日所举以赠人者。甘林则为治生计,所云'客居暂封殖'者。《杜臆》谓朝行所视之园树,专指果园,于甘林无预,故云'丹橘黄甘此地无'。今按'此地无',正言柑橘之独盛。篇中'林香''出实'二语,明说丹橘矣。岂可云甘林在果园之外乎?大抵分而言之,则甘林另为一区,合而言之,甘林包在果园之内。盖四十亩中,自兼有诸果也。"多按《夔府咏怀一百韵》曰:"色好梨胜颊,穰多栗过拳。"则仇云兼有诸果,是矣。蔬圃数亩。《小园散病将种秋菜督勒耕牛兼书触目》:"深耕种数亩,未甚后四邻,嘉蔬既不一,名数颇具陈。"《驱竖子摘苍耳》:"畦丁告劳苦,无以供日夕。"此公有蔬圃之证。诗中屡言"小园",悉指此也。蔬圃曰小园,对四十亩果园之大者而言之。又按《夔府咏怀》"紫收岷岭芋,白种陆池莲",《秋野五首》"枣熟从人打,葵荒欲自锄","风落收松子,天寒割蜜房",——总此所纪,并柑橘梨栗,蔬圃所产,及东屯之稻,则公生计之裕,盖无逾于此际矣。又有稻田若干顷,在江北之东屯。《行官张望补稻畦水归》曰:"东屯大江北,百顷平若案,六月青稻多,千畦碧泉乱。"又有诗题曰:"秋,行官张望督促东渚(按即东屯)耗稻,向毕,清晨遣女奴阿稽竖子阿段往问。"《自瀼西移居东屯》曰:"白盐危峤北,赤甲古城东,平地一川稳,高山四面同,烟霜凄野日,粳稻熟天风。"按前诗云"百顷平若案",《茅堂检校收稻二首》云"平田百顷间",《夔州歌十首》亦云"东屯稻畦一百顷"，皆通东屯之田而言，百顷非尽公所有也。据《困学纪闻》：东屯之田，公孙述所开以积谷养兵者，故公《东屯夜月》曰"防边旧谷屯"。《舆地纪胜》云"东屯稻米为蜀第一"，故公《孟冬》诗有"尝稻雪翻匙"之句。弟观自京师来。有诗题曰"得舍弟观书，自中都（按即长安）已达江陵，今兹暮春月合到夔州……"又有《喜观即到题短篇二首》。后有《送弟观归蓝田迎妇》诗，知观果到夔也。秋，因获稻暂住东屯。《自瀼西荆扉且移居东屯茅屋四首》曰："东屯复瀼西，一种住青溪，来往皆茅屋，淹留为稻畦，市喧宜近利，（按指瀼西，他章"市暨瀼西巅"可证）林僻此无蹊，若访衰翁语，须令剩客迷。"《向夕》"畎亩孤城外，江村乱水中"，又曰"鸡栖草屋同"，即指此处。于栗《东屯少陵故居记》曰："峡中多高山峻谷，地少平旷。东屯距白帝五里而近。稻田水畦延袤百顷，前带清溪，后枕崇冈，树林葱蒨，气象深秀，称高人逸士之居。"陆游《高斋记》："东屯，李氏居已数世，上距少陵，才三易主，大历初故券犹在。"白巽《东屯行》："雨足稻畦春水满，插秧未半青短短。马尘追逐下关头，北望东屯转三坂。一川洗尽峡中想，远浦疏林分气象，沟塍漫漫堰源低，滩濑泠泠石矶响。中田筑场亦有庐，翚飞夏屋何渠渠，李氏之子今地主，少陵祠堂疑故居。"原注："东屯有青苗坡。"案即公《夔州歌》"北有涧水通青苗"也。何宇度《谈资》："工部草堂，在城东十余里，尚有遗址可寻，止有一碑，存数字，题'重修东屯草堂记'，似是元物。"适吴司法自忠州来，因以瀼西草堂借吴居之。见《简吴郎司法》，诗曰"却为姻娅过逢地"，知吴乃公之姻娅也。又曰"江帆飒飒乱帆秋",同时有《又呈吴郎》云"堂前扑枣任西邻",知吴到夔,约在八月也。是时,始复动东游荆湘之意。《舍弟观归蓝田迎新妇送示二首》:"满峡重江水,开帆八月舟,此时同一醉,应在仲宣楼。"期以八月会弟于江陵也。同时有《峡隘》诗,则远想江陵之胜,计期弟观且到,因恨出峡之不早也。《秋日寄题郑审湖上亭三首》:"舍舟因卜地,邻接意如何?"郑时在夷陵,欲往与结邻而居也。《昔游》"杖藜望清秋,有兴入庐霍",《雨》"宿留洞庭秋,天寒潇湘素,杖策可入舟,送此齿发暮",皆欲及秋东游也。《秋清》"十月江平稳,轻舟进所如",八月之行不果,期以十月也。《夜雨》"天寒出巫峡,醉别仲宣楼",《更题》"只应踏初雪,骑马发荆州",秋不果行,期以冬候也。《白帝城楼》"夷陵春色起,渐拟放扁舟",冬又不果行,更待之来年也。十月十九日,于夔州别驾元特宅观李十二娘舞"剑器"。见《观公孙大娘弟子舞剑器行》。本年,仍复多病;秋,左耳始聋。见《耳聋》、《复阴》及《独坐二首》。

大历三年戊申(768)秋,李之芳卒。十月,李勉拜广州刺史。是年,岑参罢官东归,道阻,淹滞戎州。李筌进《太白阴经》。韩愈生。

公五十七岁。正月中旬,去夔出峡。《续得观书迎就当阳居止正月中旬定出三峡》:"自汝到荆府,书来数唤吾。"当阳县属荆州。临去,以瀼西果园赠"南卿兄"。有诗题略如此。陆游《野饭诗》自注:"杜氏家谱,谓子美下峡,留一子守浣花旧业,其后避乱成都,徙眉州大埧,或徙大蓬云。"按留子不见于诗,不足信。三月,至江陵。时卫伯玉为节度使,杜位在幕中。李之芳、郑审并在江陵,数从游宴。夏日,暂如外邑。《水宿遣兴奉呈群公》"小江还积浪",曰"行舟却向西",曰"异县惊虚往",知是外邑。留江陵数月,颇不得意。《水宿遣兴奉呈群公》:"童稚频书札,盘飧讵糁藜?我行何至此,物理直难齐!"又曰"余波期救涸,费日苦轻赍。极策门阑邃,肩舆羽翮低,自伤甘贱役,谁愍强幽栖!"《秋日荆南述怀三十韵》:"苦摇求食尾,常曝报恩鳃,结舌防谗柄,探肠有祸胎。苍茫步兵哭,展转仲宣哀,饥藉家家米,愁征处处杯,休为贫士叹,任受众人咍。"《舟出江陵南浦奉寄郑少尹审》:"栖托难高卧,饥寒迫向隅,寂寥相响沫,浩荡报恩珠。"《移居公安敬赠卫大郎》:"交态遭轻薄。"《久客》:"羁旅知交态,淹留见俗情,衰颜聊自哂,小吏最相轻。"意者地主失于周旋耳。卢元昌曰:"公在江陵,至小吏相轻,吾道穷矣。于颜少府曰'不易得'(按见《醉歌行》),于卫大郎亦曰'不易得'(按见《移居公安敬赠卫大郎》),志幸,亦志慨也。"多按卫大郎,名钧,伯玉之子。钧之于公,能以礼遇,则诗中所指,恐非伯玉。前诗云"异县惊虚往";忤公者,岂外邑之主人欤?秋末,移居公安县,《移居公安山馆》云"北风天正寒",此既至公安后作也。《移居公安敬赠卫大郎》有"秋露接园葵"之句。卫在江陵,诗盖作于将发江陵之时。故定为秋末移居。遇顾诫奢,《醉歌行赠公安颜十少府请顾八题壁》:"君不见东吴顾文学,君不见西汉杜陵老,诗家笔势君不嫌,词翰升堂为君扫。"李晋肃,晋肃,李贺之父,即韩愈所为作《辩讳》者。《公安送李入蜀》诗称二十九弟,李必公之姻娅。及僧太易。见《留别公安太易沙门》诗。太易又善司空曙,有赠《司空拾遗》诗。留憩公安数月,《晓发公安》原注:"数月憩息此县。"陆游《入蜀记》曰:"公《移居公安》诗,'水烟通径草,秋露接园葵',而《留别太易沙门》诗'沙村白雪仍含冻,江县红梅已放春',则以是秋至此,暮冬始去。其曰'数月憩息',盖谓此也。"卢元昌曰:"是时公安有警,故于《山馆》有'乱世敢求安'句,后《晓发》则曰'邻鸡野哭如昨日',《发刘郎浦》则曰'岸上空村尽豺虎',此章(按即《移居公安赠卫大郎》)'入邑豺狼斗',必有所指矣。"岁晏,至岳州。《别董颋》:"汉阳颇宁静,岘首试考槃。"与《公安送李晋肃》题中"余下沔鄂"语吻合。《送李诗》云"正解柴桑缆",盖将由沔鄂下柴桑也。然而所至乃岳州,柴桑之行盖不遂耳。黄生曰:"柴桑在江州。前诗云'江州涕不禁',公岂有弟客此,而欲访之耶?又诗'九江春色外,三峡暮帆前',知公久有此兴,或此行终不果耳。"多按大历二年《又示两儿》诗曰:"长葛书难得,江州涕不禁,团圆思弟妹,行坐白头吟。"仇云:"前有送弟往齐州诗,长葛与齐州相近,故知长葛指弟。《七歌》云'有妹在钟离',江州与钟离相近,故知江州指妹。"此可证黄说之讹。

大历四年己酉(769)二月,韦之晋自衡州刺史,迁潭州。是年,杜鸿渐卒。李益,冷朝阳并登进士第。

公五十八岁。正月,自岳州至南岳,游道林二寺,观宋之问题壁。《岳麓山道林二寺行》:"宋公（原注：宋之问）放逐曾题壁,物色分留待老夫。"入洞庭湖,《过南岳入洞庭》:"春生力更无。"宿青草湖;又宿白沙驿;过湘阴,谒湘夫人祠。更溯流而上,以二月初抵凿石浦湘潭县西。宿之。又过津口,次空灵岸湘潭县西一百六十里。宿花石戍,次晚州。在湘潭。三月,抵潭州。《清明二首》:"此身漂泊苦西东,右臂偏枯半耳聋,寂寂系舟双下泪,悠悠伏枕左书空。"老病穷途,心绪可知也。发潭州,次白马潭,入乔口,原注："长沙北界。"至铜官渚,阻风。发铜官,宿新康江口,《北风》原注："新康江口信宿方行。"次双枫浦,遂抵衡州。《上水遣怀》:"但遇新少年,少逢旧亲友……后生血气豪,举动见老丑,穷迫挫囊怀,常如中风走。"仇曰:"公初入蜀则曰'故人供禄米',在梓阆则曰'穷途仗友生',再还蜀则曰'客身逢故旧',初到夔则曰'亲故时相问。'至此则亲朋绝少,旅况益艰,故篇中多抑郁悲伤之语。"按公至湖南,必欲依韦之晋,及其既至,而韦旋卒。公晚节命途之舛,至于此极！之晋以本年二月受命自衡州刺史改潭州。公到潭时,之晋或犹未行,故有《奉送韦中丞之晋赴湖南》诗,在衡州送韦之潭也。四月,之晋卒,公有诗哭之,词极哀痛。夏,畏热,复回潭州。仇曰:"是年有《发潭州》及《发白马潭》诗,乃春日自潭往衡岳也。又据韦超《早发湘潭寄杜员外诗》云'湘潭一叶黄',知秋深复在潭州矣。观公《楼上》诗'身事五湖南','终是老湘潭',皆可证。"晤张建封。《别张十三建封》:"相逢长沙亭。"时苏涣旅居江侧,忽一日,访公于舟中,公请涣诵诗,大赏异之。遂订交焉。见《苏大侍御访江浦赋八韵记异》诗并序,又有《又枉裴道州手札率尔遣兴寄苏涣侍御》诗云:"倾壶箫管动白发(按此公自谓),舞剑霜雪吹青春(此谓苏),宴筵曾语苏季子,后来杰出云孙比。茅斋定王城郭门,药物楚老渔商市,市北肩舆每联袂,郭南抱瓮亦隐几。"卢注:"苏卜斋定王郭门,公卖药鱼商市上,苏访公于市北,则肩舆频至,公访苏于郭南,则隐几萧然。此叙彼此往来之谊也。"终岁在潭州。

大历五年庚戌(770)四月,湖南兵马使臧玠杀其团练使崔瓘,杨子琳、阳济、裴虬各出兵讨玠,子琳取赂而还。是年,李端登进士第。李公佐生。

公五十九岁。春,在潭州。正月二十一日,检故帙,得高适上元二年人日见寄诗,因追酬一首,寄示汉中王瑀及敬超先。序曰:"自枉诗,已十余年,莫记存殁,又十余年矣。老病怀旧,生意可知。今海内忘形故人,独汉中王瑀与昭州敬使君超先在,爱而不见,情见乎辞。"暮春,逢李龟年。《明皇杂录》:"龟年……后流落江南,每遇良辰胜景,常为人歌数阕,座上闻之,莫不掩泣罢酒。"《云溪友议》:"李龟年奔江潭,曾于湖南采访使筵上唱'红豆生南国,春来发几枝,愿君多采撷,此物最相思,'又云'清风明月苦相思,荡子从戎十载余,征人去日殷勤嘱,归雁来时数附书。'此词皆王维所作也。"四月,避乱入衡州《入衡州》曰:"销魂避飞镝,累足穿豺狼,隐忍枳棘刺,迁延胝胼疮。远归儿侍侧,犹乳女在傍,久客幸脱免,暮年惭激昂。萧条向水陆,汩没随渔商。"《逃难》

云:"五十头白翁,南北逃兵难,疏布缠枯骨,奔走苦不暖。"《舟中苦热遣怀》云:"中夜混黎甿,脱身亦奔窜……耻以风疾辞,胡然泊湘岸?入舟虽苦热,垢腻可溉灌。"欲往郴州依舅氏崔伟,时崔摄郴州。本年春,有《奉送二十三舅录事之摄郴州》诗曰"气春江上别",《入衡州》曰:"诸舅剖符近,开缄书札光,频繁命屡及,磊落字百行(言崔见招也)。江总外家养(感舅德也),谢安乘兴长(将赴郴也),……柴荆寄乐土(将居郴也)……"因至耒阳,时属江涨,泊方田驿,半旬不得食,聂令驰书为致牛炙白酒。呈聂诗题曰:"聂耒阳以仆阻水,书致酒肉,疗饥荒江。诗得代怀,兴尽本韵,至县呈聂令。陆路去方田驿四十里,舟行一日。时属江涨,泊于方田。"诗曰:"耒阳驰尺素,见访荒江渺,……知我碍湍涛,半旬获浩漾,孤舟增郁郁,僻路殊悄悄,……礼过宰肥羊,愁当置清醥。"案世传饫死之说,不实,辩详见后。惟公阻水缺食之期间,诗明言"半旬",而诸书或曰涉旬(《明皇杂录》),或曰旬日(《新书》),或曰旬余(鹤谱),皆不根之谈,此亦不可不辩也。鹤曰:"郴州与耒阳,皆在衡州东南。衡至郴,四百余里,郴水入衡。公初欲往郴依舅氏,卒不遂。其至方田也,盖溯郴水而上,故诗云'方行郴岸静。'"按耒阳至衡州,一百六十八里。盛夏回棹,秋至潭州,小憩,遂遍别亲友,溯湘而下,《回棹》旧编在大历五年,诗曰"蒸池疫疠遍","火云滋垢腻",知返棹时当盛夏也。《登舟将适汉阳》曰"秋帆催客归",又有《暮秋将归秦留别湖南幕府亲友》诗,知发潭州时届暮秋也。将出沔鄂,由襄阳转洛阳,迤逦归长安,《回榕》曰"清思汉水上,凉忆岘山巅",《登舟将适汉阳》曰"鹿门自此往,永息汉阴机",而在潭州留别湖南亲友诗题曰"将归秦",知此行乃归长安,而预计经由之地,亦皆历历可考。冬,竟以寓卒于潭岳间,旅殡岳阳。黄鹤曰:"夏如郴,因至耒阳,访聂令,经方田驿,阻水旬余,聂令致酒肉。而史云令尝馈牛肉白酒,大醉,一夕卒。尝考谢聂令诗有云'礼过宰肥羊,愁当置清醥',其诗题云'兴尽本韵',又且宿留驿近山亭。若果以饫死,岂复能为是长篇,又复游憩生亭?以诗证之,其证自可不考。况元稹作志,在《旧史》前,初无此说。按是秋舟下洞庭,故有《暮秋将归秦奉留别亲友》诗。又有《洞庭湖》诗云'破浪南风正,回樯畏日斜',言南风畏日,又云回樯,则非四年所作甚明;当是是年,自衡州归襄阳,经洞庭诗也。元微之《志》云:'扁舟下荆楚,竟以寓卒,旅殡岳阳。其后嗣业启柩,襄祔事于偃师,途次于荆,拜余为志。'吕汲公亦云'夏还襄汉,卒于岳阳。'鲁谱云'其卒当在衡岳之间,秋冬之交。'但衡在潭之上流,与岳不相邻,舟行必经潭,然后至岳,当云在潭岳之间,蔡《谱》以史为是,以吕为非,盖未之考耳。"仇兆鳌曰:"五年冬,有《送李衔》诗云,'与子避地西康州,洞庭相逢十二秋。'西康州即同谷县。"公以乾元二年冬寓同谷,至大历五年之秋,为十二秋。又有《风疾舟中》诗云:"十暑岷山葛,三霜楚户砧。"公以大历三年春适湖南,至大历五年之秋,为三霜。以二诗证之,安得云是年之夏卒于耒阳乎?多按《风疾舟中伏枕书怀呈湖南亲友》,题曰"舟中伏枕",诗又曰"羁旅病年侵",是舟中构疾也。诗又曰"群云惨岁阴",曰"郁郁冬炎瘴",时在冬候也。公之卒,在大历五年冬,无疑。又按戎昱《耒阳溪夜行》原注云:"为伤杜甫作。"昱大历间人,有赠岑参诗。则是公饫死耒阳之说,由来甚久。其详见于郑处晦《明皇杂录》。厥后罗隐有《经耒阳杜工部墓》诗;郑谷《送沈光》诗亦曰"耒阳江口春山绿,恸哭应寻杜甫坟";杜荀鹤《吊陈陶处士》曰"耒阳山下伤工部,采石江边吊翰林,两地荒坟各三尺,却成开解哭君心";孟宾于《耒阳杜公祠》曰"白酒至今闻";徐介《耒阳杜工部祠堂》曰"故教工部死,来伴大夫魂";裴说《题耒阳杜公祠》曰"拟掘孤坟破,重教《大雅》生";裴谐同作曰"名终埋不得,骨朽且何妨?"此皆宋以前诗也。(《耒阳县志》载李节《耒阳吊杜子美》诗,称节为天宝词客,则显系伪托。)然同时亦有怀疑之说。《诗话总龟》载僧绍员诗云:"百年失志古来有,牛肉因伤是也无?"又载耒阳令诗云:"诗名天宝大,骨葬耒阳空。"此皆言聂令空堆土也。黄鹤已知公实不死于耒阳,乃犹疑耒阳有坟有祠,谬说之起必有因,遂又创为新说,谓公尝瘗宗文于耒阳,后人遂误以为公坟耳。其所据则《风疾舟中伏枕书怀诗》"瘗天追潘岳"句,及下句渴死事也。今按《入衡州》云"犹乳女在傍",天者想是此女耳。潘岳《西征赋》:"天赤子于新安,坎路侧而瘗之。"公诗,用此事,于哺乳之女乃切当。若宗文,是时计年已及冠,得谓为赤子耶?仇氏驳之曰:"宗文若卒于湖南,应有哭子诗,而集中未尝见。"信然。《山海经》"夸父与日逐走,渴死,弃其杖,化为邓林",此下句"持危觅邓林"所用事也。黄鹤割裂"渴死"二字,以属宗文,致文意乖乱不可通。今按"觅邓林",觅瘗夭之所也(邓林,夸父死处,故得借用以言窆所),"持危"谓忍渴冒死以觅之也。诗题本云"舟中伏枕",上句又云"行药病涔涔",下句云"蹉跎翻学步",则是力疾瘗夭,行步艰难,故云"持危"耳。仇注:"邓林,谓老行须杖。"亦胜于鹤说百倍。

岑嘉州系年考证

嘉州诗见存者三百六十首，其中可确指为某年或某数年间作者，依余所考，殆十有七八。兹篇初稿，本已分年隶属，厘订粗备。旋以每定一诗，疏通篇旨，参验时事，引绪既繁，卷帙大涨，虑其厖糅，不便省览，乃仅留其时地有征，可据诗以证事者，余悉汰之。盖兹篇意在研究作者之生活，当以事为经，以诗为纬，亦即不得不详于事而略于诗也。读者慎勿以为嘉州篇咏之有年可稽者，胥尽于是。至于编年诗谱，不容偏废，谁曰不然？别造专篇，傥在来日。

嘉州旧无年谱。撰此考垂成，或告以《岭南学报》第一卷第二期有《岑参年谱》，取而读之，则近时赖君义辉之所作也。以校拙撰，同者不及一二，异者何啻八九。诚以余为此考，年经月纬，枝叶扶疏，亦既自病其事甚寡而词甚费矣，故今也于其所以异于赖君者，雅不欲一一申辩，以重滋其芜蔓。其或赖君洞瞩未周，而事有关系甚巨，又非剖析不足以明真相者，则于附注中稍稍指陈之，但求有当于征实，不务抑彼以张我也。虽然，吾得读赖君此作，如入空谷，而足音跫然，忽在我前，斯亦可憙也矣。若夫筚路蓝缕，先我著鞭，伟哉赖君，吾有愧色焉。民国二十二年三月，三易稿竟，一多谨识，时距嘉州殁后实一千一百六十三载也。

公讳参，唐荆州江陵人，①其先世本居南阳棘阳，梁时长宁公善方始徙江陵。善方以降，岑氏谱系，可得而详焉，示图如次：②

公《感旧赋》（《全唐文》三五八）序曰"国家六叶，吾门三相矣。"三相者，曾祖文本相太宗，伯祖长倩相高宗，伯父羲相睿宗也。文本字景仁，以文翰位跻台辅，与虞世南、李百药、

---

① 诸书称南阳人者，从其旧望也。据《新书·宰相世系表》，周文王异母弟耀，子渠，武王封为岑子，其地梁国北岑亭是也，（案说本《吕览》。）子孙因以为氏，世居南阳棘阳。（案汉棘阳县故城，在今河南新野县东北。）后汉有征南大将军岑彭，六传至晊，徙居吴郡，又六传至宠，徙始宜，十世孙善方又徙江陵。张景毓《大唐朝散大夫行润州句容县令岑君德政碑》（《续古文苑》一八，后简称《张碑》）"其先出自颛顼氏，后稷之后。周文王母弟辉尅定、殷墟，封为岑子，今梁国岑亭，即其地也。因以为姓，代居南阳之棘阳。十三代孙善方，随梁宣帝西上，因官投迹，寓居于荆州焉"。又曰"梁亭汉室，先开佐命之封，吴郡荆门、晚葺因居之地"。此虽与《新表》所纪小异，《元和姓纂》五与《新表》略同，当为《表》所本）然岑氏之不居南阳已久，则无惑也。《旧书》七〇《岑文本传》，封江陵县子，《张碑》作江陵县伯，"又尝自称"江南一布衣"。《法苑珠林》，"中书令岑文本，江陵人"。《新书岑羲传》"羲江陵人"。《朝野佥载》"京中谣曰，岑羲獠子后，崔湜夸公孙，三人相比接，莫贺咄最淳"。亦谓羲为南人。唐世岑氏，籍隶江陵，此其明征矣。他若《新书·文本传》又称邓州人，则不悟望者南阳，本从汉郡，汉之南阳不因唐郡更名而为邓州也。夫诸书狃于六代积习，匿本贯而标郡望，已为无谓，此更改称邓州，则又歧中之歧。《全唐诗》、《全唐文》岑参小传并从之，不思之甚矣。唐荆州（后升为江陵府）江陵县，即今湖北江陵县。

② 此图据《新书·宰相世系表》及《姓纂》改制。《表》颇有舛误，今依沈炳震《新旧唐书合钞》订正。长倩子五人，（本传"五子同赐死"）《姓纂》但有虚源、广成二名，而虚源《旧书·文本传》又作灵源，今仍从《姓纂》。羲弟仲翔、仲休，《姓纂》、《新书·文本传》及《宰相世系表》并同，惟《旧书·文本传》作翔、休，今从多数。杜确《岑嘉州集序》曰："嗣子佐公，复纂前绪。"佐公似本公子之名，《表》原阙，据《序》补入。诸人历官皆不录，读者参阅《姓纂》、《张碑》及《新表》可耳。

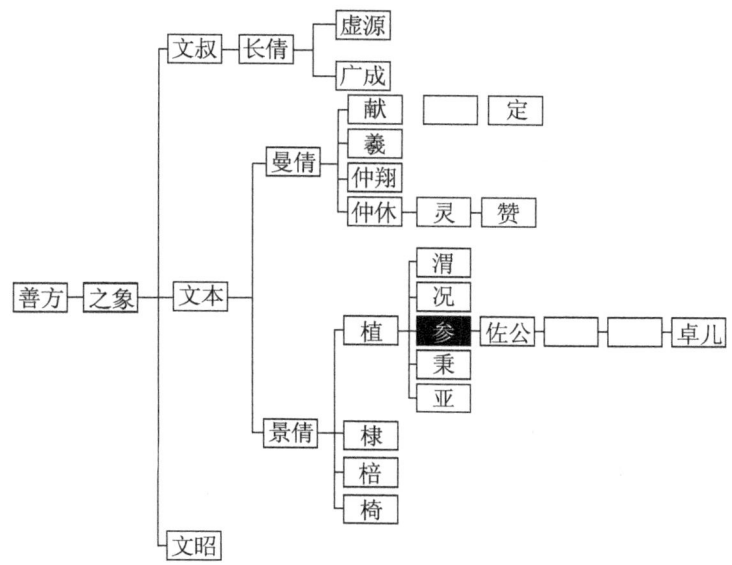

许敬宗辈齐名。所著有集六十卷,①又尝与令狐德棻同撰《周史》,其史论多出于文本。张景毓称其"五车万卷,百家诸子,吐凤怀蛟,凌云概日,不尚浮绮,尤存典裁,藻翰之美,今古绝伦",虽贡谀之辞,不无溢美,要其声荣之重,可想见也。《旧唐书》本传纪其少年轶事曰:"父之象,隋末为邯郸令,常被人所讼,理不得申。文本性沈敏,有姿仪,博考经史,多所贯综,美谭论,善属文。时年十四,诣司隶称冤,辞情慨切,召对明辨。众颇异之,试令作《莲花赋》。下笔便成,属意甚佳。合台莫不叹赏。"又言其为中书舍人时"所草诏诰,或众务繁凑,即命书童六七人随口并写,须臾悉成,亦

---

① 卢照邻《南阳公集序》(《全唐文》一六)"贞观中,虞、李、岑、许之俦以文章进"。新旧二史志有文本集六十卷,本传同,惟卢《序》云"凡所著述,千有余篇,今之刊写,成三十卷"。盖当时刊写未足之本耳。

殆尽其妙"。斯则公家文学之遗传,有足征者也。

长倩字某,羲字伯华,继居辅宰,并能守正不阿,然皆不获令终。长倩以忤诸武被戮,五子同赐死;羲亦因政潮受牵,身死家破。先是睿宗景云三年(712)正月,羲以户部尚书同中书门下三品,六月为侍中。时羲兄献为国子司业,弟翔为陕州刺史,休为商州刺史,从族兄弟子侄因羲引用登清要者数十人,故《感旧赋》云:"朱门不改,画戟重新,暮出黄阁,朝趋紫宸,绣毂照路,玉珂惊尘,列亲戚以高会,沸歌钟于上春,无大无小,皆为缙绅,颙颙印印,逾数十人。"虽然"高明之家,鬼瞰其室",羲于斯时,似有预感,尝叹曰:"物极则返,可以惧矣!"果尔,明年七月,太平公主事发,羲以预谋伏诛,籍没其家,亲族数十辈,放逐略尽,时则嘉州诞生之前二年也。①

公祖景倩,武周时麟台少监,卫州刺史,宏文馆学士。②父植,字德茂,弱冠补修文生,明经擢第,解褐同州参军,转蒲州司户参军。俄以亲累左授夔州云安县丞。秩满,丁父忧去职。服阕,调补衢州司仓参军。擢润州句容县令,有政声。景龙二年(708)源乾曜为江东黜陟使,荐擢某官。既去句容,县人为立德政碑。③后终仙、晋二州刺史。④

植子五人,渭、况、参、秉、亚也。渭与秉、亚皆无考。况

---

① 三相事迹详见两《唐书·岑文本传》。
② 见《新书·宰相世系表》。《张碑》云"周大中大夫,行麟台著作郎,兼宏文馆学士"。
③ 见张景毓《岑公德政碑》。
④ 见《新》表。

尝官单父尉，与刘长卿友善，似亦有文名，①杜甫《渼陂行》"岑参兄弟皆好奇"，王昌龄《留别岑参兄弟》"岑家双琼树，腾光难为俦"，盖皆谓况也。

夷考群书，公之家世，大校如此。

玄宗开元三年乙卯（715）公一岁

父植除仙州刺史，至早当在此年，疑公即生于仙州官廨。

案景龙二年，植尚为句容县令，因源乾曜荐擢某官，则为仙州刺史当在景龙二年后。《旧书·玄宗纪》，开元三年二月，析许州、唐州置仙州。《唐会要》七〇仙州条下云："贞观八年置鲁州，九年废。开元二年析许鲁唐三州，复置仙州。"置仙州，《纪》作三年，《会要》作二年。检《会要》同卷同叶又载开元十一年十二月，敕以仙州频丧长史，欲废之，令公卿议其可否。崔沔上议，有"然自创置，未盈十年"之语。若依《会要》开元二年创置，则下推至十一年十二月，已足十年，与崔沔语不合。是知始置仙州，当从《纪》作三年为正。开元三年始有仙州，则植除仙州刺史不得早于此年明矣。

公之卒年，依余所考，定为大历五年，或不大谬（说详后），然但知卒年，不知寿算几何，是其生年仍无由推计也。

---

① 刘长卿有《曲阿对月别岑况徐说》诗，又有《旅次丹阳郡遇康侍御宣慰兼别岑单父》诗。以公《梁园歌送河南王说判官》原注"时家兄宰单父"，及《送楚丘曲少府赴官》诗"单父闻相近，家书为早传"之句证之，此岑单父即公兄况无疑也。曲阿县属丹阳郡。天宝元年正月改润州为丹阳郡，同年八月二十日改曲阿县为丹阳县。长卿二诗于郡称新名，县称旧名，疑作于天宝元年正月至八月之间。天宝元年，况在丹阳，则公《敬酬杜华淇上见赠兼呈熊曜》诗"忆昨癸未岁（案天宝二年），吾兄自江东"，当即指况，而《送人归江宁》诗曰"吾兄应借问，为报鬓毛霜"，《送扬州王司马》"为报吾兄道，如今已白头"，皆即况矣。

且集中诸诗凡有年月可稽者,又不详其时作者几岁。间有语及年岁者,又类皆约举成数(如曰三十四十),文家修辞,不拘掫实,故亦不敢决为谁实谁虚,是仍不足据以上推其生年也。不宁惟是。诸篇所述年岁,斟酌前后,往往互相牴牾。试观下表:

		作诗之年	作者年岁之各种假设			
1	"参年三十未及一命"(《感旧赋》序)		二九	二八	二六	三〇
2	"三十始一命"(初授官题高冠草堂)	七四四	三〇	二九	二七	三一
3	"丈夫三十未富贵,安能终日守笔砚"(《银山碛西馆》)		三五	三四	三二	三六
4	"可知年四十,犹自未封侯"(《北庭作》)	七五四—七五六	四〇—四二	三九—四一	三七—三九	四一—四三
5	"四十年未老"(《行军诗》二首)	七五七	四三	四二	四〇	四四
6	"年纪蹉跎四十强,自怜头白始为郎"(《秋夕读书幽兴呈兵部李侍郎》)	七六二	四八	四七	四五	四九

否认(1)之"三十"为实数,则(2)(3)之"三十",(4)(5)之"四十",皆为虚数,未始不可,惟(6)曰"四十强",而其时实已四十九岁,则在疑似之间。若(5)之"四十"为实数,则(3)之"三十"为虚数可也,(6)之称四十五为"四十强"亦可,然(1)(2)(4)三例则皆相去甚远。若定(6)之"四十强"为四十七

岁,则(3)(4)(5)皆为虚数可也,(2)称二十九岁曰"三十",尚可,(1)称二十八岁为"三十"则断不可。若认(2)之"三十"为实数,则(3)(5)并为虚数可也,(4)之"四十"或虚或实,亦无问题,(1)称二十九为"三十",(6)之"四十强"为四十八岁,皆不甚悖于理。综观以上各例,除(3)(4)两诗不可确定为何年所作,无从假定,其余四例中,惟(2)为较无滞碍,故余即准此定《初授官题高冠草堂》诗所云"三十始一命"者为实指三十;其时为天宝三载(744)则登第之年可证也。天宝三载年三十岁,则当生于开元三年(715)。此虽别无确证,然优于其他各例则无疑也。①

既知公父为仙州刺史至早在开元三年,而公之生亦在此年,则公即生于仙州官廨,为极可能之事矣。

开元四年丙辰(716)二岁

开元五年丁巳(717)三岁

开元六年戊午(718)四岁

开元七年己未(719)五岁

始读书。

《感旧赋》序:"五岁读书。"

开元八年庚申(720)六岁

---

① 赖《谱》定公生于开元六年(718)乃本表第五例,其误甚显。《初授官题高冠草堂》诗当作于天宝三载,赖《谱》在六载,相差三年,此不可不辨。案杜《序》"天宝三载,进士高第,解褐右内率府兵曹参军"。《苏氏演义》曰"进士者,可以进受爵禄者也。"登第后即解褐授官,乃当时常式,故登第之年即解褐之年。赖君既知登第在天宝三载,乃谓六载始授官,岂别有据耶? 又案唐制贡举人正月就礼部试,二月放榜,四月送吏部,则公初授官当在天宝三载四月。《初授官题高冠草堂》诗曰,"涧水吞樵路,山花醉药栏,"物候颇合。是非特授官之年可考,抑其月亦有征矣。

公父转晋州刺史,约当此年,公亦以此年侍父至晋州。

有唐官制,一岁为一考,四考有替则为满,若无替,则五岁而罢,此其常例也。景龙以还,虽官纪大紊,然玄宗即位,大格奸滥,窃疑刺史改转,是时已复遵常轨。① 故植转晋州,或经四考,或经五考,其时要不外开元七八两年。惟岑氏自义得罪后,朝中遽失依凭,以常理推之,植守此劣州②必历久始得上迁。③ 今姑依五考之例,定植转晋州之时为开元八年。此固想当然耳,然亦有一事可资参证。本集《题平阳郡汾桥边柳树》诗原注曰"参曾居此郡八九年"。平阳郡即晋州,天宝元年改名。公居晋八九年之久,而集中晋州诗仅见,是必童年侍父侨寓于此。《感旧赋》序曰"十五隐于嵩阳",明十五以前未常居嵩阳也。十五以前不居嵩阳者,其时父方刺晋,公亦在晋州耳。十五岁之前一年为开元十六年。由开元十六年上数九年为开元八年,公之居晋盖自是年始。既知公始至晋在开元八年,则父之来守是州,必经五考,而其年则亦为开元八年矣。(若依四考计之,则转晋在开元七年,而公之居晋宜为十年,与《题柳树》诗注不合。)

开元九年辛酉(721)七岁

开元十年壬戌(722)八岁

开元十一年癸亥(723)九岁

---

① 《唐会要》六八载景龙二年,御史中丞卢怀慎上疏曰,"臣窃见比来州牧上佐等,多者一二年,少者三五月,遂即迁改,不论课最,争取冒进。……臣请望诸州都督刺史上佐等,在位未经四考以上,不许迁除"。据《旧书》九八《怀慎传》,疏上不纳。

② 崔沔议有"户口稀疏"及"宁为卑位,独当废省"等语。

③ 仙州下州,刺史正四品下。晋州上州,刺史从二品。

始属文。

《感旧赋序》:"九岁属文。"

开元十二年甲子(724)十岁

开元十三年乙丑(725)十一岁

开元十四年丙寅(726)十二岁

开元十五年丁卯(727)十三岁

开元十六年戊辰(728)十四岁

开元十七年己巳(729)十五岁

移居河南府登封县(太室别业)。

是时,公父已逝世。家贫,从兄受书,能自砥砺,遍览经史。

《感旧赋》序曰:"十五隐于嵩阳。"案河南府嵩阳县,武后时已改名登封(即今河南登封县)。此序称嵩阳(赋亦曰"有嵩阳之一邱"),则用旧名也。①《初至虢西官舍南池呈左右省及南宫故人》诗曰:"他日能相访,嵩南旧草堂。"嵩南犹嵩阳耳。又案嵩高之名,旧有二说。《史记·封禅书》,"自殽以东,名山五。……曰太室——太室,嵩高也"。此狭义之嵩山。《艺文类聚》七引戴延之《西征记》:"嵩高,山岩中也,东谓太室,西谓少室,相去七十里;嵩高,总名也。"此广义之嵩山。县名嵩阳,盖取狭义,专指太室。公有《峨眉东脚临江听猿怀二室旧庐》诗,既曰二室,是公于太室少室,皆尝居之矣。其居少室,有《自潩陵尖还少室居止秋夕凭

---

① 更名登封后,唐人诗文中每沿用嵩阳旧名,即如公《浐水东店送唐子归嵩阳》诗,即其一例也。

眺》诗可证。少室之居,既别有征,则诸言嵩阳嵩南者,非太室而何？李白《送杨山人归嵩山》诗曰,"我有万古宅,嵩阳玉女峰。"据《登封县志》,太室二十四峰有玉女峰。玉女为太室峰名而曰嵩阳,可证唐人称嵩阳皆谓太室之阳矣。

《新表》于植历官,称"仙晋二州刺史",是植官终于晋州刺史。植捐馆之年,载籍不详,难以确指。据杜《序》称公"早岁孤贫",则植之卒,即不在晋州任内,亦不出尔后数年中,总之,公移居嵩阳时,父已早卒,则可断言也。盖植殁后,妻子仍留寓晋州,必至本年,始徙嵩阳,故公于《题汾桥边柳树》诗注云"居平阳郡八九年"耳。

《感旧赋》曰"无负郭之数亩,有嵩阳之一邱",而居嵩阳时年方十五,则与杜《序》所云"早岁孤贫"者正合。赋又曰"志学集其荼蓼,弱冠干于王侯;荷仁兄之教导,方励己以增修"。杜《序》于"早岁孤贫"下亦曰"能自砥砺,遍览经史"。盖父卒,故从兄受业,而自十五至二十,则正其勤苦向学之时也。

开元十八年庚午(730)十六岁

移居颍阳(少室别业)当在本年以后。

《自潘陵尖还少室居止秋夕凭眺》诗曰"草堂近少室,夜静闻风松",知公又尝居少室也。集中又屡言归颍阳,(《醉题匡城周少府厅壁》曰"颍阳秋草今黄尽,醉卧君家犹未还",《偃师东与韩樽同诣景云晖上人即事》曰"山阴老僧解《楞伽》,颍阳归客远相过",《郊行寄杜位》曰"秋风引归梦,昨夜到汝颍》)。颍阳即"少室居止"所在,其证有三。戴延之《西征记》称太室少室相去七十里。颍阳县故治即今河南自由县颍阳镇,在登封县西南七十里。登封县在太室山下,其距颍阳道里,乃与太室距少室道里符合,则公颍阳所居亦即少室居止矣。其证一。《还少室居止凭眺》诗又曰:"火点伊阳村,烟深嵩角钟。"按舆图,少室距登封(嵩阳)与其距伊阳道里略相等,故自此凭眺,东望嵩角,则暮烟深处,时闻远钟,南瞻伊阳,则数星村火,隐约可辨。按之地望,此与颍阳正合,则颍阳即少室也。其证二。韦庄《颍阳县》诗曰:"琴堂连少室,故事即仙踪。"此尤颍阳县治在少室山下之明验,然则颍阳亦即少室也。其证三。又案《元和郡县志》五:"颍水有三源,右水出阳乾山,颍谷,中水导源少室通阜,左水出少室南溪,东合颍水。"公又有《南溪别业》诗,曰"结宇依青嶂",曰"溪合水重流"。"青嶂"殆即少室山,"溪合水重流"即南溪合颍水也。① 盖以县言则曰颍阳,以山言则曰少室,以水言则曰南溪,其实一耳。

知移居颍阳在本年以后者:《会要》七〇"咸亨四年分河南伊阙、嵩阳等县置武林县,开元十五年九月二日改颍阳县"。集中凡言家园,绝无称武林者,其称颍阳者,数见不鲜,故移家颍阳,合在改名以后。然自开元八年至十六年,为居晋州之期,而十七年居登封(嵩阳),亦有诗赋可据,则是迁居颍阳,至早不得过开元十八年矣。

又案公生平所居之地,见于诗者,又有"缑山草堂"、"陆

---

① 《南溪别业》诗,明至德济南本《岑集》所无,《全诗》有,又见蒋洌诗中。据此,则作蒋洌者非也。

浑别业"，及"王屋别业"，疑皆天宝中迁长安以前所居之地，①其迁徙年次，则并不详。姑附识于此，以俟续考。

开元十九年辛未(731)十七岁

开元二十年壬申(732)十八岁

开元二十一年癸酉(733)十九岁

开元二十二年甲戌(734)二十岁

始至长安，献书阙下。此后十年，屡往返于京洛间。

成室当在本年以后，天宝元年八月以前。

《感旧赋》序曰"二十献书阙下"，赋曰"弱冠干于王侯"，又曰"我从东山，献书西周"。按《登科记》有上书拜官，及上书及第。《封氏闻见记》云，"常举外，有进献文章并上著述之辈，或付本司，或付中书考试，亦同制举"。《云麓漫钞》亦云："上书者中书试，同进士及第。"《权载之集》有《元和元年吏部试上书人策问》三道，是与制举对策无异。公献书后，盖亦尝对策而落第耳。

知本年初至长安者，赋曰"我从东山，献书西周"，东山用谢安事，犹上文云"隐于嵩阳也"。献书以前，未尝涉迹帝都，故得曰"隐"，曰"东山"。

《夜过盘石隔河望永乐寄闺中效齐梁体》诗有"春物知人意，桃花笑索居"之句，似其时去新婚未久。《会要》七〇："天宝元年八月，易州永乐县改为满城县。"此诗称永乐则当

---

① 天宝三载登第授官后，当居京师，考集中天宝三载以后，吟咏所及，如曰"终南草堂"，曰"高冠草堂"，曰"杜陵别业"之类，咸在长安，故偶有涉及嵩颍故园者，皆追怀之诗，是知自移家长安后，遂不复东归也。

作于天宝元年八月以前。永乐在京洛道中,诗盖即"出入二郡"途经永乐时所作也。① 然本年以前,公未尝至长安,则是诗之作,至早不得过本年。既知诗当作于本年以后,天宝元年以前,则公授室之年,亦约略可知矣。

开元二十三年乙亥(735)二十一岁

开元二十四年丙子(736)二十二岁

开元二十五年丁丑(737)二十三岁

开元二十六年戊寅(738)二十四岁

开元二十七年己卯(739)二十五岁

在长安。

王昌龄开元二十八年冬谪江宁丞,(说详后)有《留别岑参兄弟》诗,曰"长安故人宅,秣马经前秋"。诗作于开元二十八年而曰"前秋",则是二十七年秋也。此本年公在长安之证。

开元二十八年庚辰(740)二十六岁

在长安。是冬,王昌龄出为江宁丞,公有诗送之。

《送王大昌龄赴江宁》诗曰"泽国从一官,沧波几千里,群公满天阙,独去过淮水"。诗有悯惜之意,似是昌龄初谪江宁时赠别之作。昌龄谪官之岁月,载籍不详。《送许子擢第归江宁拜亲因寄王大昌龄》诗曰"王兄尚谪宦,屡见秋云生"。彼诗作于天宝元年(详后),曰"尚谪宦",则初赴江宁必在天宝元年以前,又曰"屡见秋云",则又不

---

① 又有《题永乐韦少府厅壁》诗,宜为同时所作,诗曰"故人是邑尉,过客驻征轩"。永乐为公行役所经之地,此其确证。

只前一年,是昌龄谪官亦不得在开元二十九年也。又考王士源《孟浩然集》序,开元二十八年,王昌龄游襄阳,浩然因欢宴,疾发而卒。昌龄若二十七年谪官,似既谪官后,不得于二十八年忽离职守,远赴襄阳,故谪官亦不得在二十八年以前。昌龄《留别岑参兄弟》诗曰"江城建业楼,山尽沧海头,副职守兹邑,东南樟孤舟",明为谪江宁将之官时所作。诗又曰"便以风雪暮,还为纵酒留",而公《送昌龄赴江宁》诗亦曰"北风吹微雪,抱被肯同宿",明时在冬日。意者昌龄游襄阳在二十八年冬前,其谪江宁则二十八年冬耳。

开元二十九年辛巳(741)二十七岁

是年游河朔。春自长安至邯郸,历井陉,抵贝丘。暮春自贝丘抵冀州。八月由匡城经铁丘,至滑州,遂归颍阳。

《送郭乂杂言》诗曰"去年四月初,我正在河朔",集中又有河南北诗数首,是公尝有河朔之游也。知此游在本年者,其证有三:(一)《冀州客舍酒酣贻王绮寄题南楼》诗曰"携手到冀州"。冀州天宝元年改信都郡,至德二载复为冀州。然公自至德二载归自北庭,尔后在长安,在虢州,在蜀,游踪所届,历历可考,绝不见游河朔之迹。且河北诸郡,自禄山叛命,逮于藩镇,变乱相仍,迄无宁岁,其地亦断非游衍之所,故诗与题所称冀州,必天宝元年未更郡名以前之冀州。

(二)斯游虽不在天宝元年,要当去天宝元年不远。《至大梁却寄匡城主人》诗为此游途中所作,(详后)诗曰"一从弃鱼钓,十载干明王,无由谒天阶,却欲归沧浪",此即《感旧赋》所谓"我从东山，献书西周，出入二郡，蹉跎十秋"也。献书事在开元二十二年，自彼年下推十载，为天宝二年。此游不得在天宝元年后，既如前述，则诗曰"十载"，乃举成数言之。然数字虚用，充其量，八载而冒称十载可耳，七载以下似不宜犹称十载。故此诗至早当作于开元二十九年，亦即献书后八年也。（三）且事实上，天宝元二两年皆不得有河朔之游。天宝元年有长安诗，既在长安，则必无又在河朔之理。据《送郭乂杂言》诗"地上青草出，经冬今始归"之句，知首年出游，次年"青草出"时，即二月间，始归长安。出游若在天宝二年，则归长安应在三载二月。然公三载登第，其年正月正就试礼部之时，安得二月始归长安哉？天宝元二年既皆不得有此游，则《寄匡城主人》诗所云"十载"，实才八载，益无疑矣。

至斯游经行之地，案之舆图，参以各诗所纪时物，其先后次第，似亦可寻，姑以意定之如此。说详下方各诗本条中：

《邯郸客舍歌》诗曰"客从长安来"，知此游乃自长安首途。

《题井陉双溪李道士所居》，井陉县属恒州，即今河北井陉县。依路线当自邯郸至此，再至贝丘。

《冀州客舍酒酣贻王绮寄题南楼》诗曰"客舍梨花繁，深花隐鸣鸠"，与《送郭乂杂言》"去年四月初，我正在河朔"之语颇合。诗又曰"忆昨始相值，值君客贝丘，相看复乘兴，携手到冀州"，则是与王绮同自贝丘来冀也。贝丘在今山东清平县西四十里。

《醉题匡城周少府厅壁》 匡城县在今河北长垣县南十里。诗曰"颍阳秋草今黄尽,醉卧君家犹未还",知是南旋途中所作,时在秋日也。

《至大梁却寄匡城主人》,大梁即滑州,隋时名东郡,唐复曰滑州,天宝元年改名灵昌郡。诗曰"仲秋至东郡",又曰"仲秋萧条景",又曰"平明辞铁丘,薄暮游大梁",盖自匡城至铁丘,又至大梁,时则八月也。铁丘在滑州卫南县东南十里,今河北濮阳县北。诗又曰"故人南燕吏",是匡城主人即前诗之周少府也。

《郊行寄杜位》诗曰"秋风引归梦,昨夜到汝颍",又曰"所思何由见,东北徒引领",似亦此次自河北归颍阳道中作。杜位时在河朔,故曰东北引领。

《偃师东与韩樽同诣景云晖上人即事》诗曰"颍阳归客远相过",疑亦同时所作。

天宝元年壬午(742)二十八岁

在长安。

《送郭乂杂言》诗有"初行莫早发,且宿灞桥头"及"到家速觅长安使,待女书封我自开"等句,知作于长安。开元二十九年在河朔,诗曰"去年四月初,我正在河朔",又曰"地上青草出,经冬今始归",则诗当作于天宝元年春。又本年正月甲寅,田同秀上言,见玄元皇帝于丹凤门之空中,告以所藏灵符在尹喜故宅,上遣使于故函谷关尹喜台旁求得之;壬辰,群臣上表请于尊号加天宝字,从之。公《送许子擢第归江宁拜亲因寄王大昌龄》诗曰"玄元告灵符，丹洞获其铭。皇帝受玉册，群臣罗天庭。喜气薄太阳，祥光彻窅冥。奔走朝万国，崩腾集百灵"，则亦作于天宝元年。《送许》诗又曰"六月槐花飞，忽思莼菜羹，跨马出国门，丹阳返柴荆"。集中又有诗题曰"宿关西客舍，寄东山严许二山人，时天宝初七月初三日，在内学见有高道举证"。足证是年六七月，公犹在长安也。

天宝二年癸未（743）二十九岁

在长安。岁晚作《感旧赋》。

《感旧赋》曰："我从东山，献书西周，出入二郡，蹉跎十秋。"若定赋作于本年，则自开元二十二年献书至本年，恰为十年。然本年二十九岁，而赋序曰"参年三十，未及一命"，何哉？若从序"年三十"之语，定此赋作于明年，则自献书至天宝三载为十一年，又与"蹉跎十秋"之语不合。此序与赋一篇之内，自相牴牾也。明年《初授官题高冠草堂》诗曰"三十始一命"，而赋序曰"参年三十，未及一命"。同为年三十，忽曰"始一命"，忽曰"未及一命"，此诗与赋又互相牴牾也。窃意诗言"三十"当为实数，赋曰"十秋"亦然，赋序言"三十"则为虚数，故赋当作于天宝二年，二十九岁时。或疑唐制新进士四月送吏部，授官即在送吏部后。若然，则岁初作赋，曰"未及一命"，至四月授官后，乃曰"始一命"，亦无不可，故赋与诗不妨同为天宝三载所作。应曰，此不可能也。赋曰"嗟此路之其阻，恐岁月之不留，眷城阙以怀归，将欲返云林之旧游"。将谓赋作于正月乎？则正月乃就试礼闱之时，焉有既已就试,犹云欲返旧游之理？将谓赋作于二三月乎？则既已放榜登第矣,更无返旧游之必要。且赋中"雪冻穿屦,尘缁敝裘"之语,已明示作于冬日。既知作赋时未登第,此而冬日必非天宝三载冬,则其为天宝二年冬,可不待烦言而解矣。赋又曰"强学以待,知音不无；思达人之惠顾,庶有望于亨衢"。盖二年冬,因将赴举而为此赋,意欲使达人惠顾,或见激扬耳。唐世举人,积习如此。公之此赋,倘亦贤者不免欤。

天宝三载甲申(744)三十岁

在长安。是年举进士,以第二人及第,解褐授右内率府兵曹参军。

  杜《序》"天宝三载,进士高第,解褐右内率府兵曹参军"。《唐才子传》三"岑参……天宝三年赵岳榜第二人及第。"案是年礼部侍郎达奚珣知贡举,见《唐语林》。

天宝四载乙酉(745)三十一岁

在长安。

  《通鉴》,天宝四载三月,以刑部尚书裴敦复充岭南五府经略等使。五月,敦复坐逗不之官,贬淄川太守。公有《送裴校书从大夫淄川觐省》诗,裴大夫当即敦复,校书,敦复之子也。诗曰"尚书东出守,爱子向青州",疑敦复赴淄川后,其子旋往省侍,故诗又有"倚处戟门秋"之句。此诗乃本年秋作于长安,可证其时公在长安也。

天宝五载丙戌(746)三十二岁

天宝六载丁亥(747)三十三岁

天宝七载戊子(748)三十四岁

在长安。是年颜真卿使赴河陇,公有诗送之。

殷亮《颜鲁公行状》(《全文》五四一):"(天宝)七载,又充河西陇右军试覆屯交兵使。"留元刚《颜鲁公年谱》同。①
公有《胡笳歌送颜真卿使赴河陇》诗。

天宝八载己丑(749)三十五岁

安西四镇节度使高仙芝入朝,表公为右威卫录事参军,充节度使幕掌书记,遂赴安西。

公有《武威送刘单判官赴安西行营便呈高开府》诗,可证公尝佐高仙芝幕。然始入高幕之年,载籍不详。考仙芝天宝六载十二月代夫蒙灵詧为安西四镇节使,②十载入为右金吾大将军。此四年中,七载公在长安,则七载尚未受辟也,八载九载,于诗无征,在长安与否不可知。至十载,始有《武威送刘单便呈高开府》诗(此诗当作于十载,说详后),知其年已至边地。然十载在边,未必即十载始至边地也。窃意仙芝居节镇之四年中尝两度入朝,一在八载,一在十载,③其辟公为幕僚,似在八载入朝之顷。《送刘单》诗作于武威,诗曰"都护新出师,五月发军装"。又有《临洮客舍留别祁

---

① 据《行状》,六载使河东朔方,七载使河西陇右。《旧书》一二八《颜真卿传》载使河朔事,在使河陇前,而不书何年,(《太平广记》三二引《仙传拾遗》与本传同)盖亦以六载使河朔,七载使河陇。《旧书》一一四《鲁炅传》云"天宝六年——颜真卿为监察御史,使至陇右",误也。

② 仙芝代灵詧,据《旧书》一〇四《仙芝传》及《通鉴》,在天宝六载。《旧书》一二八《段秀实传》作七载,误。又《仙芝传》作六月,沈炳震云当从《封常清传》作十二月。按《通鉴》亦作十二月。

③ 第二次入朝,《旧书》本传作九载,《通鉴》作十载。案唐镇将多因元旦入朝。仙芝盖于九载十二月平石国后发安西,岁晏抵长安,其朝见玄宗则在十载元旦。故二书虽所纪互异而实无牴牾。

四》诗，曰"无事向边外，至今仍不归，三年绝乡言，六月未春衣"。武威临洮，地近也，五月六月，时近也，故别祁诗亦当作于十载。十载作此诗而曰"三年绝家信"，则初去家时，宜为天宝八载。此与高仙芝节制安西后初次入朝之年，适合符节。然则定公受辟在八载仙芝入朝之时，不为无据矣。

杜《序》于"解褐右内率府兵曹参军"下曰"转右威卫录事参军"。右威卫录事参军疑为高仙芝辟公时所为表请之官。其在安西幕中所守职事，据《银山碛西馆》诗"丈夫三十未富贵，安能终日守笔砚"之语，① 则似为掌书记。唐时文士初入戎幕，每充掌书记，如高适之佐哥舒翰是也。公之于高仙芝，殆其类欤？

天宝九载庚寅(750)三十六岁

在安西。

天宝十载辛卯(751)三十七岁

正月，高仙芝入朝，三月，除武威太守河西节度使，代安思顺。于是仙芝幕僚群趋武威，公亦同至。适思顺密讽群胡坚请留己，奏闻，制遂复留思顺于河西，以仙芝为右羽林大将军。四月，诸胡潜引大食，欲共攻四镇，仙芝闻之，急赴边，将蕃汉三万众击大食。遂以五月出师，至怛罗斯，与大食遇。仙芝所将蕃兵葛罗禄部众叛，与大食夹攻唐军，仙芝大败。仙芝出征时，留公等在武威。及仙芝兵败还朝，公亦迤逦东归，以六月次临洮，约于初秋至长安。

仙芝以天宝十载正月加开府仪同三司。又据《新书·方

---

① 银山碛在西州西南三百四十里，又四十里，至焉耆界，有吕光馆，诗题当即指此，在安西时所作也。本年三十五岁，而诗言三十者，计举成数言之。

镇表》，天宝十载王正见代高仙芝为安西四镇节度使，十一载正见死，封常清代之，常清居此职，至十四载始迁平卢，是十载以后，仙芝不复在安西也。《武威送刘单》诗称"高开府"，又曰"安西行营"，则作于天宝十载无疑。公作《送刘单》诗之年为天宝十载，而作诗之地，乃在武威。此颇可注意。本年仙芝除河西，实未尝赴镇，①何以其幕僚②在武威？（河西节度使治武威郡）集中又有武威诗四首，似并为同时所作。

1. 《武威送刘判官赴碛西行军》。按《会要》七八，"开元十二年以后，或称碛西节度，或称四镇节度。"高仙芝是时为安西四镇节度使，故知此刘判官为仙芝僚佐。诗曰"都护行营太白西"，"都护"即《送刘单》诗"都护新出师"之都护，谓仙芝也，"行营"与《送刘单》诗题之"安西行营"亦同。又此诗曰"火山五月行人少"，与《送刘单》诗"孟夏边候迟，胡国草木长，都护新出师，五月发军装"，所言时序亦合。此刘判官虽不必即刘单，然二诗皆作于天宝十载四五月间，则可断言也。

2. 《武威暮春闻宇文判官使还已到晋昌》 据前二诗，知公等四五月间在武威，此曰暮春，则三月已来矣。

3. 《河西春暮忆秦中》诗曰"凉州三月半"，凉州即武威郡。此与前篇同时所作。

4. 《登凉州尹台寺》诗曰"胡地三月半，梨花今始开"，时序与前诗吻合，知为同时所作。凉州，天宝元年改武威

---

① 《新唐书·方镇表》，天宝十载，仙芝入朝，迁河西，未行，改右羽林大将军。
② 《旧唐书·高仙芝传》，"天宝六载九月，仙芝讨小勃律国还，令刘单草告捷书"，知刘单为仙芝幕僚。

郡,此用旧名,亦犹前诗曰"凉州三月半",《武威暮春闻宇文判官使还已到晋昌》诗曰"闻已到瓜州"也(瓜州即晋昌郡,亦天宝元年改名)。

综观各诗,知仙芝僚属之至武威者,公与刘单外,又有宇文判官,其赴碛西之刘判官,似别为一人,疑即刘眺。总之,仙芝僚佐之在武威者颇多,而其时则在天宝十载之三月至五月间。仙芝征大食,据《通鉴》在四月,而幕僚则三月已到武威,此必诸人闻仙芝除河西之命,即趋赴武威,其后虽安思顺复来,仙芝不果就镇,然诸人既已来武威,即暂留其地,直至仙芝征大食还,始同归长安也。

仙芝击大食事见《通鉴》,《旧书·玄宗纪》及《仙芝传》皆不载。《通典》一九三引杜环《经行记》云:"怛罗斯,石国大镇,即天宝十载高仙芝兵败之地。"《通典》又云:"族子环,随镇西节度使高仙芝西征,天宝十载至西海,宝应初因贾商船自广州而回,著《经行记》。"是则杜环亦仙芝幕僚而兵败流落西域者。

《通鉴》载征大食事在四月,而公《送刘单》诗曰"孟夏边候迟,胡国草木长,都护新出师,五月发军装"。盖仙芝四月辞长安,五月整师西征耳。

知公东归以六月次临洮者,《临洮客舍留别祁四》诗曰"六月未春衣",《临洮龙兴寺玄上人院同咏青木香丛》诗曰"六月花新吐",可证。六月至临洮,初秋应抵长安。是秋,杜甫有《九日寄岑参》诗。

天宝十一载壬辰(752)三十八岁

在长安。是秋,与杜甫、高适、储光羲、薛据同登慈恩寺塔,赋诗。

薛播天宝十一载擢进士第,见《五百家韩注》。公有《送薛播擢第归河东》诗,知本年在长安。

公有《与高适薛据登慈恩寺浮图》诗,杜甫、高适、储光羲并有同诸公登慈恩寺塔诗,知斯游杜储亦与。今惟薛作不存,余四家诗中所纪时序并同,(公诗曰"秋色从西来",杜曰"少昊行清秋",高曰"秋风昨夜至",储曰"登之清秋时"。)尤为五人同游之证。杜诗梁氏编在天宝十三载,诚近臆断,而仇氏但云"应在禄山陷京师以前,十载献赋之后"。亦未能确定何年。今案登塔事,十载,十二载,十三载皆不可能,各有反证,分述如下。

1. 天宝十载　《旧玄宗纪》十载"是秋霖雨积旬,墙屋多瑰,西京尤甚"。是年杜甫所作《秋述》曰:"秋杜子卧病长安旅次,多雨生鱼,青苔及榻。"多雨既非登塔之时,而杜甫卧病,尤无参与斯游之理,是登塔不得在天宝十载秋也。

2. 天宝十二载　《通鉴》天宝十二载五月,哥舒翰击吐蕃,拔洪济大漠门等城,悉收黄河九曲,《旧玄宗纪》,天宝十二载九月,哥舒翰进封西平郡王。① 案高适有《同吕判官从

---

① 《会要》七八,"神策军,天宝十三载七月十七日,陇右节度使哥舒翰以前年(案犹言去岁)收黄河九曲,请分其地置洮阳郡,内置车焉"。《旧书》一一〇《王思礼传》"十二载哥舒翰收黄河九曲"。又翰兼河西节度,实因收九曲之功,故知兼河西之年,即知收九曲之年,《旧书》一〇四《翰传》,十二载加河西节度使,《新书·方镇表》一二,天宝十二载哥舒翰兼河西。此并与《通鉴》合。《旧玄宗纪》收九曲在十三载三月,其误无疑。

哥舒大夫破洪济城回登积石军多福寺七级浮图》,《同李员外贺哥舒大夫破九曲之作》两诗,又有《九曲词三首》,句云"御史台中异姓王。"是则天宝十二载五月至九月,适在河西,不得与于长安慈恩寺塔之游也。

3. 天宝十三载 《旧书·玄宗纪》,十三载八月以久雨,左相陈希烈罢知政事,又云"是秋霖雨积六十余日",盖即杜甫《秋雨叹》(卢氏编在十三载)所谓"秋来未曾见白日,泥污后土何时干"者。十三载秋亦积雨若是之久,则登塔亦为根本不可能。且据杜《年谱》,是秋因京师霖雨乏食,生计艰窘,携家往奉先,则纵有斯游,杜不得与。又十三载四月岑公已赴北庭,(说详后)则岑亦不得与于斯游也。

十载,十二载,十三载,诸公既不得同时在京,再参以仇氏杜诗当作于十载献赋后之说,则登塔赋诗之事,必在十载无疑。《送薛播》诗已明示岑公是年在长安,高适十二载四月尚有《李云南征蛮》诗,①可证此前仍在长安。杜甫据《年谱》是年亦未他去,储光羲是时宜官监察御史,盖并薛据咸在京师也。

天宝十二载癸巳(753)三十九岁

在长安。是春颜真卿出为平原郡太守,公有诗赠行。

《送颜平原》诗序曰"十二年春,有诏补尚书十数公为郡守,上亲赋诗,觞群公,宴于蓬莱前殿,仍锡以缯帛,宠饯加等。参美颜公是行,为宠别章句"。留元刚《颜鲁公年谱》:"天宝十二载,杨国忠以前事衔之,谬称请择,出公为平原太

---

① 《李云南征蛮诗序》曰:"十二载四月至于长安,……适忝斯人之旧,因赋是诗。"

守。"又曰"按十三载有《东方朔画赞碑阴记》,云去岁拜此郡,则以是年出守明矣"。

又案《太一石鳖崖口潭旧庐招王学士》诗曰"偶逐干禄徒,十年皆小官",自天宝三载解褐至本年为十年。太一即终南山,在长安城南。此亦本年公在长安之证。

天宝十三载甲午(754)四十岁

是年,安西四镇节度使封常清入朝,三月,权北庭都护伊西节度瀚海军使,表公为大理评事,摄监察御史,充安西北庭节度判官,遂赴北庭。五月,常清出师西征,公在后方。六月,常清受降回军。是冬,常清破播仙,师还,公献《凯歌》六章。

《旧书》一零四《封常清传》"十三载入朝,摄御史大夫。俄而北庭都护程千里入为右金吾大将军,仍令常清权知北庭都护,持节充伊西节度等使"。《旧书·玄宗纪》"十三载三月,封常清权北庭都护伊西节度使"。① 案伊西有瀚海军。诸书于常清职衔多略瀚海军使,今据《会要》七八补正。旧传称"伊西节度等使"者,盖即包瀚海军使在内耳。

知公本年始应封常清之辟赴北庭者,其证如次:

1. 十一二载皆有长安诗,十三载以后数年间无之,知

---

① 常清兼北庭,诸书云在十三载三月。独《会要》七八云"天宝十二载二月,始以安西四镇节度封常清兼伊西北庭瀚海军使"。两二字必皆三字之讹。《旧书》一八七下《忠义程千里传》"天宝十三载三月乙丑(《安禄山事迹》上作二十四日)献俘于勤政楼,……以功授右金吾卫大将军同正,仍留佐羽林军"。按千里罢北庭,乃留佐羽林,所遗北庭之职,封常清继之,是千里留佐羽林之日,即常清兼北庭之日也。千里既以十三载三月授金吾,佐羽林,则常清之兼北庭不得在十二载二月明矣。又《新书·方镇表》,天宝十三载,安西四镇复兼北庭节度,即指常清言。此亦常清兼北庭在十三载之证。

十三载已离长安他去。然集中凡及封常清之诗多曰北庭，而常清兼北庭始于十三载，其时公既不在长安，则是因常清之辟而赴北庭明矣。

2. 十三载以前，镇北庭者为程千里，公诗中无一语及程，知其至北庭不在程千里作镇之时。继千里者为封常清，而瓜代之年在十三载。今及封之诗甚多，又多作于北庭，则知公至北庭必自十三载常清初兼北庭始。①

3. 十三载以前，安西与北庭分治。若十三载以前已事常清，则当在安西幕中。然诗凡及常清者辄曰北庭，此可证常清未兼北庭时，公不在幕中，其入幕乃自十三载兼北庭时始也。

4. 再以公平生经历推之，至北庭当在四十以后。集中有北庭作诗曰"可知年四十，犹自未封侯"。

天宝十三载公四十岁，则其赴北庭，至晚当在天宝十三载。

知此次所授官职为"大理评事，摄监察御史，充安西节度判官"者，其证如下。《优钵罗花歌序》曰"天宝景申岁（案即丙申，天宝十五载，）参忝大理评事，摄监察御史，领伊西北庭支度副使"。杜《序》曰"又迁大理评事，兼监察御史，充安西节度判官"。案《新书·百官志》，节度使幕属，有副大使知节度事、行军司马、副使、判官、支使、掌书记、巡官、衙推各一

---

① 《送刘郎将归河东》诗原注曰"参曾北庭事赵中丞"，《送郭司马赴伊吾郡请示李明府》诗原注曰"郭子与赵节度同好"，集中又有《赵将军歌》，似即一人。《方镇表》，北庭节度无姓赵者。《旧·高仙芝传》，讨小勃律时，"使疏勒守捉使赵崇玼三千骑趋吐蕃连云堡自北谷入，使拨换守捉使贾崇瓘自赤佛堂路入。"《通鉴》乾元元年九月，以右羽林大将军赵玭〔《方镇表》作玭〕为同蒲虢三州节度使。疑赵崇玼当作赵玭，崇字旧传误涉下贾崇瓘而衍。）赵本安西将领，或天宝十四载封常清被召入朝后，代为北庭节度者。然此乃十四载后事，不得为十三载前公已至北庭之藉口。

人。其兼支度营田招讨经略使者则又有副使,判官各一人。副使位在判官上,则充判官宜在初应辟时,度支副使乃后此升迁之职也。

又案十三载以后,安西节度复兼北庭,则公是时所守之职衔,当称"安西北庭节度判官",不当但如杜《序》所云"安西节度判官"也。①

知五月常清出师西征,六月受降回军者,《北庭西郊候封大夫受降回军献上》,及《登北庭北楼呈幕中诸公》二诗可证。常清十三载入朝,加御史大夫,三月兼北庭,据诗,回军北庭西郊,又称"封大夫",②是至早作于十三载,且必在三

---

① 据《赴北庭度陇思家》及《登北庭北楼呈幕中诸公》二诗,知是时节度使治所在北庭,不在安西。(北庭大都护府治庭州,安西大都护府治龟兹。)故必欲省称,与其省"北庭",不如省"安西"。揣杜确之意,实为封常清幕判官。是时安西本兼北庭,称封曰安西节度,即知其为安西兼北庭节度也。然直称封常清判官则可,谓为安西节度判官则未确。

② 封常清天宝六载加朝散大夫,赖《谱》因以诸称封大夫诗系于天宝六载后数年,此大谬也。偶拈四证,以实吾说。(一)《汉书·百官公卿表》"御史大夫……掌副(《北堂书钞》五三引有贰字)丞相"。《书钞》五三引《汉官仪》"高皇帝置御史大夫,位次丞相"。故后世称御史大夫为副相,或曰亚相。公《奉陪封大夫九日登高》诗曰"霜威逐亚相",《轮台歌奉送封大夫出师西征》曰:"亚相勤王甘苦辛"。二题诗并称大夫而诗曰亚相,则是御史大夫无疑。(高适《贺哥舒大夫破九曲之作》曰"遥传副丞相,昨日破西蕃",此则唐人御史大夫称副相之例。)(二)《旧书·职官志》:"天宝边将,故事加节度使之号,连制数郡,奉辞之日,赐双节双旌。"公《北庭西郊候封大夫受降回军献上》诗曰"驿马从西来,双节夹路驰",明为节度使之制。常清为节度使后乃加御史大夫,其加朝散大夫,在为节度使前六载。题中大夫二字果指朝散,则诗复言节度使之事可乎?(三)《旧书·常清传》"天宝六载,……〔高〕仙芝代夫蒙灵督为安西四镇节度使,更奏常清为庆王府录事参军,充节度判官,赐紫鱼袋,加朝散大夫,专知四镇仓库屯田甲仗支度营田事。仙芝每出征,常令常清知留后事"。此明言常清为朝散大夫时,不得有出征事。今一则曰"封大夫出师西征",再则曰"封大夫受降回军",此大夫得谓为朝散耶?(四)据《旧书·职官志》,朝散大夫,文散官,御史大夫,文职事官。唐世士大夫未闻以散官相呼者,故称大夫,断无指朝散之理。此唐人文字中凡称大夫者皆然,又不特岑公此数诗而已也。

月以后。又案是年首秋,公已自北庭至轮台(北庭治庭州,轮台在庭州西三百二十里),尔后居轮台时多,今二诗并作于北庭,则当在秋前也。《候受降回师》诗曰"大夫讨匈奴,前月西出师",《登北庭北楼》诗曰"六月秋风来",又曰"上将新破胡",明是役五月出征,六月回师,前与初抵北庭之时,后与去之轮台之时,皆相衔接矣。又知西征时公在后方者,则候师回于北庭西郊,诗题固已明言之矣。

  知七月至轮台者,《首秋轮台》诗可证也。诗曰"轮台万里地,无事历三年"。考公此次在边,自十三载夏,至至德二载夏,适为三周年。此诗题曰首秋,而至德二载六月已归至凤翔,则必作于至德元载之秋。其时在轮台已历三年,则本年应已自北庭至轮台。

  常清破播仙事,史传失载,今从公《轮台歌奉送封大夫出师西征》,及《献封大夫破播仙凯歌六章》诸诗考得之。《轮台歌》曰"剑河风急雪片阔,沙口石冻马蹄脱",《凯歌》曰"蒲海晓霜凝马尾,葱山夜雪扑旌竿",知与前者五月西征非一事。明年十一月,常清被召还京,则破播仙必在本年冬。

天宝十四载乙未(755)四十一岁

在轮台,间至北庭。十一月禄山反,主帅封常清被召还京。

《北庭贻宗学士道别》诗曰,"忽来轮台下,相见披心胸,饮酒对春草,弹琴闻夜钟"。去年春公尚在长安,此言春与宗相见于轮台,至迟当为本年春。诗又曰"今且还龟兹",曰"君有贤主将"。龟兹为安西节度使治所,贤主将应指封常清。然本年十一月,常清已入京,则明年春不得仍在安西。此曰还龟兹有贤主将,断为本年春所作。此本年春公在轮台之证。然诗曰见宗于轮台,而题曰北庭,何哉?诗又有"四月犹自寒"之句,盖春晤宗于轮台,旋同至北庭,四月宗又自北庭归龟兹,公因作此诗以道别耳。此则本年公尝至北庭之证。

肃宗至德元载丙申(756)四十二岁

在轮台,领伊西北庭支度副使。岁晚东归,次晋昌、酒泉。

领支度副使,①见《优钵罗花歌》序。《首秋轮台》诗曰"轮台万里地,无事历三年",则七月犹在轮台。至其东归之时,以《玉门关盖将军歌》等诗推之,当在本年十二月。《通鉴》,至德二载正月,"河西兵马使盖庭伦,与武威,九姓商胡安门物等杀节度周佖"。案《元和郡县志》,玉门关在瓜州晋昌县东二十步,属河西节度管内。此盖将军在玉门关,当即河西兵马使盖庭伦也。②公本年始领伊西北庭支度副使,诗曰"我来塞外按边储",是至早当作于本年。诗又曰"暖屋

———

① 户部郎官称度支,各道节度使属僚之判官当称支度,二名各不相混,说详钱大昕《十驾斋养新录》十。岑集《优钵罗花歌》序称"度支副使",必传写误倒,今校正。

② 明正德济南刊本《岑集》于《盖将军歌》下注曰"即盖嘉运",影响之说,谬孰甚焉。考盖嘉运二史皆不立传。《新书·方镇表》自开元二十三年至二十八年,盖嘉运为安西四镇节度使。又考之《通鉴》:

开元二十四年,北庭都护盖嘉运破突骑施;

开元二十六年,命碛西节度使盖嘉运招集突骑施拔汗那以西诸国;

开元二十七年,碛西节度盖嘉运擒突骑施可汗吐火仙;

开元二十八年,盖嘉运入朝献捷,改河西陇右节度使;

开元二十九年,盖嘉运御吐蕃无功。

所纪至此戛然而止。盖开元二十九年以后,嘉运或因兵败免官,或内调,或阵亡,要不复为边疆镇将可知也。又检《通典》"瀚海军,开元中盖嘉运增筑"。《会要》"开元中安西都护盖嘉运撰《西域》记"。诸书凡及嘉运者,亦无不曰开元,此亦天宝改元后,嘉运不在西陲之验。天宝以后盖嘉运既不在西陲而天宝以前公又未尝涉足塞外,则与公相遇于玉门关之盖将军,必非嘉运矣。

绣帘红地炉"、"腊日射杀千年狐",明年六月已归凤翔,则诗必本年腊日所作。诗既作于本年,而盖庭伦本年适在河西,则盖将军为庭伦益无疑矣。本年腊日忽在晋昌,必东归途次于此。知腊日归次晋昌,则知《过酒泉忆杜陵别业》诗曰"醉里愁消日,归期尚隔年",《玉门寄长安李主簿》诗曰"况复明朝是岁除",(此玉门乃玉门县:《元和郡县志》,玉门县属肃州酒泉郡,东至州二百二十里)与《盖将军歌》皆同月所作而略后,盖腊日次晋昌,除夕次酒泉也。

至德二载丁酉(757)四十三岁

二月,肃宗幸凤翔,公亦旋至。六月十二日,杜甫等五人荐公可备谏职,诏即以公为右补阙。十月,扈从肃宗还长安。

去岁除夕途次酒泉,计本年正月已到家。惟自去年六月长安失陷,其家人或留长安,或避地他徙,概不可知。肃宗二月幸凤翔,杜甫荐状署六月十二日,是公至凤翔,当在二月后六月前。《行军诗二首》、《凤翔府行军送程使君赴成州》、《宿岐州北郭严给事别业》、《行军九日思长安故园》诸诗,皆作于凤翔,然皆在拜补阙以后,则初来凤翔,又似去拜官前未久也。

杜甫荐状,见存《杜集》中。其余连署者,为左拾遗裴荐,右拾遗孟昌浩、魏齐聃,左补阙韦少游等四人。状前于公结衔称"宣议郎试大理评事,摄监察御史,赐绯鱼袋"。状中有"臣等窃见岑参识度清远,议论雅正,佳名早上,时辈所仰"等语。杜《序》云"入为右补阙",与公《西掖省即事》诸诗及杜甫《奉答岑参补阙见赠》诗"君随丞相后"之句并合。十月,肃宗还长安,公既为朝臣,理当扈从还京。

乾元元年戊戌(758)四十四岁

在长安。时杜甫、王维、贾至等并为两省僚友,倡和甚盛。

《和贾至早朝大明宫》、《寄左省杜拾遗》、《送许拾遗归江宁拜亲》(杜甫同赋)并本年春夏所作。

乾元二年己亥(759)四十五岁

在长安。三月转起居舍人。四月署虢州长史,五月之官。是秋,杜甫自秦州寄诗问讯。

《佐郡思旧游》诗序曰,"己亥岁春三月,参自补阙转起居舍人,夏四月署虢州长史"。① 杜《序》曰"入为右补阙,频上封章,指述权佞,改起居郎,寻出虢州长史"。案《六典》九,起居郎属门下省,起居舍人与右补阙并属中书省。公自右补阙当转起居舍人,同为中书省(亦称右省)官也。杜称起居郎者误。

知五月始到官所者,《出关经华岳寺访法华云公》诗曰"谪宦忽东走,王程苦相仍",又曰"五月山雨热",则是五月始出关之任也。

杜甫有《寄彭州高三十五使君适虢州岑二十七长史参三十韵》诗,乾元二年秋作于秦州。

上元元年庚子(760)四十六岁

在虢州。

---

① 《太平御览》九五七,"乾元中,虢州刺史王奇光奏阌乡县界女娲坟,天宝十三载,大雨晦暝,失所在,今河上侧近忽闻雷风声,晓见坟踊出……"二史《五行志》并载此事在乾元二年六月,则公为长史时,虢州刺史乃王奇光也。

上元二年辛丑(761)四十七岁

在虢州。

《虢州送郑兴宗弟归扶风别庐》诗曰"佐郡已三载"。自乾元二年至本年为三年,故知本年犹在虢州。

代宗宝应元年壬寅(762)四十八岁

改太子中允,至迟在本年春。旋兼殿中侍御史,充关西节度判官。十月,天下兵马元帅雍王适(即德宗)会师陕州,讨史朝义,以公为掌书记。入为祠部员外郎,疑在本年冬。

杜《序》"又改太子中允兼殿中侍御史,充关西节度判官。圣上潜龙藩邸,①总戎陕服,参佐僚吏,皆一时之选,由是委公以书奏之任"。案杜甫有《送魏十八仓曹还京因寄岑郎中参范郎中季明》诗曰"帝乡愁绪外,春色泪痕边"。公去年春在虢州,明年春应已改考功员外郎,此诗称中允,又称春色,则改中允至迟在本年春。又杜诗称中允而不称侍御或判官,则兼侍御充判官当在改中允后。杜《序》并为一事,恐未确。

《新书·方镇表》一,上元二年,华州置镇国节度,亦曰关东节度,广德元年,镇国节度使李怀让自杀,罢镇国节度,置同华节度使。案镇国节度治华州,乃潼关之西,宜称关西节度,表作关东,疑为字讹。公有《潼关镇国军句覆使院早春寄王同州》、《潼关使院怀王七季友》二诗,盖即为关西节度判官时所作。《寄王同州》诗曰"昨从关东来",谓自虢州

---

① 杜确卒于贞元时,序曰"圣上",应指德宗。《全唐诗》岑参小传以为代宗,谬甚。

来也。关西节度去年始置,而《寄王同州》诗题曰早春则初入使幕在本年早春,盖改中允后,旋即兼侍御为关西判官也。《怀王季友》诗曰"满目徒春华",则亦本年春所作。

《新书·百官志》,天下兵马元帅幕属有掌书记一人,杜《序》所谓委以书奏之任,盖即此官。

杜《序》又云"入为祠部考功二员外郎"。石刻《郎官石柱题名》,祠部员外郎有岑参。案拜祠部员外郎,不知在何时,姑以意定为本年十月雍王收东京、河阳、汴、郑、滑、相、魏等州后。《秋夕读书幽兴献兵部李侍郎》诗曰"年纪蹉跎四十强,自怜头白始为郎"。本年四十八岁,诗盖即作于此时。

广德元年癸卯(763)四十九岁

在长安。改考功员外郎,疑在本年。

本年正月刘晏同中书门下平章事,明年正月罢。公有《刘相公中书江山画障》诗,此本年在京师之证一也。《旧唐书·代宗纪》,广德元年十月,①以京兆尹兼吏部侍郎严武为黄门侍郎。公有《暮秋会严京兆后厅竹斋》诗曰"能将吏部镜,照取寸心知",则此严京兆即武也。去年六月以刘晏为京兆尹,本年正月晏同中书门下平章事,武代为京兆尹。武以本年正月为京兆尹,十月迁黄门,则公诗题曰"暮秋会严京兆后厅竹斋"者,正谓本年暮秋。此本年公在京师之证二也。

---

① 《唐大诏令集》作五月,误。

改考功员外郎年月无考。明年当以转虞部郎中，则改考功或在本年。

广德二年甲辰(764)五十岁

在长安。转虞部郎中。

《旧书》一一〇《李光弼传》"代宗还京二年正月……以光进为太子太保，兼御史大夫，谅国公，渭北节度使"，公有《奉送李太保兼御史大夫充渭北节度使》诗，原注"即太尉光弼弟"。《通鉴》广德二年正月，剑门东西川以黄门侍郎严武为节度使，公有《送严黄门拜御史大夫再镇蜀川兼觐省》诗。本年正月二十五日，第五琦奏诸道置常平仓，使司量置本钱和籴，许之（见《旧书·代宗纪》，《新书·食货志》及《会要》八八)，公有《送许员外江外置常平仓》诗。此可证本年正月公在长安。《新书·代宗纪》、《通鉴》并云本年三月甲子盛王琦薨，公有《盛王挽歌》。① 《通鉴》，广德二年三月，太子宾客刘晏为河南江淮以来转运使，疏浚汴水，公有《送张秘书充刘相公通汴河判官便赴江外觐省》诗。② 此可证本年三月公在长安。《旧书·代宗纪》，广德二年十月，河南尹苏震薨，公有《故河南尹岐国公赠工部尚书苏公挽歌二首》。此可证本年十月公在京师。

杜《序》于"入为祠部、考功二员外郎"后云"转虞部、库部二正郎"。案转虞部郎中不知在何年月，今据《送祁四再

---

① 诸本咸误作成王。成王乃代宗居藩邸时封号。
② 本年正月刘晏已罢知政事，此曰刘相公者，盖袭称旧衔以尊之。唐人诗文，不乏此例。

赴江南别》诗，定为本年。祁四即画家祁岳。① 于邵《送家令祁丞》序，称善画能诗，别家令丞即祁岳。序曰"去年八月，闽越纳贡，而吾子实董斯役，水陆万里，寒暄浃年。三江五湖，夐然复游。远与为别，故人何情？虞部郎中岑公赠诗一篇，情言兼至，当时之绝也"。案岑公所赠诗当即《再送祁四赴江南别》诗，"三江五湖，夐然复游"。即"再赴江南"也。《旧书》一八八《于邵传》，"转巴州刺史，夷獠围州掠众，邵与贼约，出城受降而围解。节度使李抱玉以闻，超迁梓州，以疾不至，迁兵部郎中"。《旧书》一八三《李抱玉传》，"广德元年冬，兼山南西节度使"，则其表奏于邵受降解围。及邵辞梓州，迁兵部事，至早当在本年。本年于邵始至京师，序称公为虞部郎中，则本年公已转此官矣。

永泰元年乙巳（765）五十一岁

在长安。转库部郎中疑在本年。十一月，出为嘉州刺史，因蜀中乱，行至梁州而还。

独孤及有《同岑郎中屯田韦员外花树歌》，公原唱《韦员外家花树歌》今在集中。②《新书》一六二《独孤及传》："天

---

① 杜甫《奉先刘少府新画山水障歌》曰"岂但祁岳与郑虔，笔迹远过杨契丹"。朱景玄《名画录》"空有其名，不见踪迹二十五人"有祁岳，在李国垣下。公有《送祁乐归河东》诗曰"有时忽乘兴，画出江上峰"，岳作乐，或传写之讹。诗又云"天子召不见，挥鞭遂从戎"，而集又有《临洮客舍留别祁四》诗，故知祁岳行四也。

② 卢纶有《同耿沣司空曙二拾遗题韦员外东斋花树》诗，乃五言近体，似非同赋。

宝末以道举高第，补华阴尉，辟江淮都统李垣府掌书记。①代宗以左拾遗召，既至，上疏陈政。"《通鉴》载上疏事在永泰元年三月。李嘉祐《送独孤拾遗先辈先赴上都》诗曰"行春日已晓，桂楫逐寒烟"。又曰"入京当献赋，封事又闻天"。据此，及入京在春日，则是永泰元年春，甫至京师，即上疏也。既知独孤及本年春始至长安，而明年春，公又已入蜀，则《花树歌》之作断在本年春矣。公又有《送卢郎中除杭州赴任》诗。案李华《杭州刺史厅壁记》，"诏以兵部郎中范阳卢公幼平为，麾幢戾止，未逾三月，降者迁忠义，归者喜生育"。末云"永泰元年七月二十五日记"。② 公诗之卢郎中当即幼平。诗曰"千家窥驿舫，五马饮春湖，柳色供诗用，莺声送酒须"。此所纪幼平出京时物候，明为暮春，李记作于七月，而曰"麾幢戾止，未逾三月"。是幼平至杭州时为四月。三月出京，四月到杭，诗与记纪时正合，则亦作于永泰元年矣。二诗皆本年春在长安作，此本年春公在长安之证。《旧书•代宗纪》，永泰元年四月，太保致仕苗晋卿薨，公有《苗侍中挽歌二首》。此本年四月公在长安之证。《通鉴》：永泰元年五月，以右仆射郭英乂为剑南节度使，公有《送郭仆射节制剑南》诗。此本年五月，公在长安之证。转库部郎

---

① 独孤及有《癸卯岁赴南丰道中闻京师失守寄权士繇韩幼深》诗。癸卯为广德元年，时及方赴南丰，知广德元年以后，及不在京师，盖至永泰元年始被召入朝耳。

② 《新书•宰相世系表三》，大房卢氏，暄子沄，杭州刺史，弟幼平，太子宾客。据李华所记，则表于二人历官互误。《吴兴志》云宝应三年，幼平自杭州刺史授湖州刺史，《统纪》作永泰元年，按宝应无三年，《统纪》是也。（见劳格《读书杂识》七，《杭州刺史考》。）

中岁月无征。去年《再送祁四赴江南别》诗有云"山驿秋云冷",据于邵序,公作是诗时尚为虞部。则转库部,当在去年秋后,本年十一月出刺嘉州以前。今姑系于本年。

知本年十月出刺嘉州者,《酬成少尹骆谷行见呈》诸诗可证。《酬成》诗曰"忆昨蓬莱宫,新授刺史符,……何幸承命日,得与夫子俱。携手出华省,连镳赴长途,五马当路嘶,按节投蜀都",知公与成同日受命,且同行入蜀也。独孤及送《成少尹赴蜀序》曰:"岁次乙巳,定襄郡王英乂出镇庸蜀,谋亚尹。佥曰,'左司郎中成公可。温良而文,贞固能干,力足以参大略,弼成务。'既条奏,诏曰,'俞,往。'公朝受命而夕撰日。卜十一月癸巳出车吉。"①据此,则公实以本年十一月被命,即以同月之官,故其《酬成》诗又曰"飞雪缩马毛,烈风擘我肤",而《赴嘉州过城固县寻永安超禅师房》诗亦曰"满树枇杷冬着花","汉王城北雪初霁"耳。(城固县属梁州。)

大历元年丙午(766)五十二岁

岁初在长安。二月,杜鸿渐为山南西道剑南东西川副元帅,剑南西川节度使,平蜀乱,表公职方郎中,兼殿中侍御史,列置幕府,同入蜀。自春徂夏,留滞梁州,四月至益昌,六月入剑门,七月抵成都。

史称鸿渐二月受命,八月始至蜀境。杜序:"副元帅相

---

① 石刻《郎官石柱题名》,左司郎中有成贲。《文苑英华》五三四有成贲《对夷攻蛮假道判》。此成少尹即贲也。公有《与鲜于庶子自梓州成都(此下疑夺成字)少尹自褒城同行至利州道中作》、《汉川山行呈成少尹》二诗,《和刑部成员外秋夜寓直寄台省知己》诗之成员外,疑亦即此人。

国杜公鸿渐,表公职方郎中,兼侍御史,列为幕府。"据郎士元《和杜相公益昌路作》诗"春半梁山正落花,台衡受律向天涯"句,及钱起《赋得青城山歌送杨杜二郎中赴蜀军》诗"绿萝春月营门近"句,知鸿渐等二月实已就道。公有《奉和杜相公初发京城作》诗曰"叨陪幕中客,敢和《出车》诗",似公与鸿渐同行。二月与鸿渐同发京师,故知公本年岁初在长安。

《旧书》一二二《张献诚传》"三迁检校工部尚书,兼梁州刺史",又《代宗纪》,永泰元年正月,"山南西道节度使张献诚加检校工部尚书"。公有《过梁州奉赠张尚书大夫公》诗,即张献诚也。诗曰"行春雨仍随",曰"春景透高戟",献诚去年正月始加工部尚书,而去年春公未离长安,若明年春则已至成都,故此诗必本年春日入蜀过梁州时作。又有《梁州陪赵行军龙冈寺北庭》(庭字疑误)、《泛舟》诗,曰"唱歌江鸟没,吹笛岸花香",亦是春景,此并《龙冈寺泛舟》诗,疑皆本年所作。他若《梁州对雨怀曲二秀才便呈曲大判官时病赠余新诗》首曰"当暑凉幽斋",则时已入夏。《早发五盘岭》诗曰"松疏露孤驿,花密藏回滩,栈道溪雨滑,畲田原草干",景物与前《梁州对雨》诗仿佛,盖自梁州南行道中作也。诗又曰"此行为知己,不觉蜀道难",知己即谓杜鸿渐,[①]此亦公与鸿渐同行入蜀之证。又有《与鲜于庶子自梓州成都少尹自褒城同行至利州道中作》诗,曰"前日登七盘,旷然见三

[①] 《陪狄员外早秋登府西楼因呈院中诸公》诗曰"知己犹未报,鬓毛飒已霜"。亦谓鸿渐。

巴",又曰"水种新插秧,山田正烧畲,夜猿啸山雨,曙乌鸣江花"。五盘岭一名七盘,此曰"前日登七盘"即前诗发五盘岭也。至二诗所叙景物,尤无一不合。此行目的地为利州,利州即益昌,杜鸿渐尝驻节于此(《奉和杜相公发益昌》诗可证),是亦与鸿渐同入蜀之一证。《和杜发益昌》诗曰"朝登剑阁云随马,夜渡巴江雨洗兵,山花万朵迎征盖,川柳千条拂去旌",仍似初夏物候,故定四月至益昌。至《入剑门作寄杜杨二郎中时二公并为杜元帅判官》诗曰"凛凛三伏寒",则六月始入剑门也。

知七月抵成都者,《陪狄员外早秋登府西楼因呈院中诸公》诗可证。诗曰"常爱张仪楼,西山正相当",知题中府字谓成都府也。杜鸿渐本年至成都,明年四月入朝。诗曰"亚相自登坛,①时危安此方,声威振蛮貊,惠化钟华阳,旌节罗广庭,戈鋋凛秋霜,阶下貔虎士,幕中鹓鹭行"。明鸿渐尚在成都,则此早秋谓本年七月也。史称八月鸿渐至蜀境,失之诬矣。

大历二年丁未(767)五十三岁

四月,杜鸿渐入朝奏事,以崔宁知西川留后。六月,鸿渐至京师,荐宁才堪寄任,上乃留鸿渐复知政事,使职遂罢。是月,公始赴嘉州刺史任。

---

① 鸿渐本已为宰相,而此曰亚相者,专指其御史大夫之职而言。登坛则谓副元帅也。

《早春陪崔中丞同泛浣花溪宴》诗①之崔中丞当即崔宁。公去年秋始至成都，明年在嘉州，此曰早春，宜为本年之早春。《江上春叹》诗曰"忆得故园时"，此江当指蜀江，诗曰"从人觅颜色"，乃居幕府时语气，非任郡守时也，故知此言春日亦本年春。《送崔员外入奏因访故园》诗有"巴山汉水"等语，明在蜀中，又曰"仙郎去得意，亚相正承恩"。知崔乃为杜鸿渐入奏，诗当作于本年四月鸿渐未还朝以前。此上三诗皆本年春作于成都，可证本年春犹未赴嘉州也。《送赵侍御归上都》诗曰"霜随驱夏暑，风逐振江涛"。江涛应指蜀江。此亦成都诗，作于本年夏者也。《过王判官西津所居》诗曰"潜移岷山石，暗引巴江流"。明在蜀中。诗又曰"落日出公堂"。节度使幕有判官，出公堂，出使院也。此亦当为成都诗，其曰"竹深夏已秋"者，则夏令向尽而秋未遽至，时在六月也。② 以上二诗地在成都，而时当夏月，可证本年夏犹未赴嘉州也。

然《赴犍为经龙阁道》曰"汗流出鸟道，胆碎窥龙涡，骤雨暗溪口，归云网松萝"；《江上阻风雨》曰，"云低岸花掩，水涨滩草没"；《初至犍为作》曰，"草生公府静，花落讼庭闲，云雨连三峡，风尘到百蛮"；皆似夏日景物；而《登嘉州凌云寺

---

① 此首亦见《全唐诗》张谓集内。据见存关于张谓之记载，无入蜀事，而浣花溪在成都，则此诗不得为张谓作矣。且崔宁加御史中丞，宜在大历改元后，然大历三年张谓方自礼部侍郎出刺潭州，(《唐诗纪事》引《长沙风土记》云："巨唐八叶，元圣六载，谓待罪江东。"正为大历三年。)是宁为御史中丞时，谓在京师，在潭州，二人安得有同泛浣花溪之事？据此，诗非谓所作益无疑矣。

② 诗意谓竹中清凉，虽当夏日，俨有秋意，非谓已入秋序也。

作》曰"夏日寒飕飕",则既抵嘉州,仍在夏日。(前三诗皆言云雨,《凌云寺》诗亦曰"回风吹虎穴,片雨当龙湫,僧房云濛濛",故知四诗时日最相近。)前在成都时已是盛夏,今至犍为,仍云夏月,则发成都,抵犍为,并在六月矣。盖杜鸿渐本年六月,复知政事,罢使职,于是幕府解散,而公亦得离成都赴嘉州之任耳。

大历三年戊申(768)五十四岁

在嘉州。七月,罢官东归,至戎州,阻群盗,淹泊泸口。久之乃改计北行,遂却至成都。

《阻戎泸间群盗》诗原注"戊申岁,余罢官东归",《东归发犍为至泥溪舟中作》诗曰"七月江水大,沧波满秋空",知罢官东归在本年七月也。《阻戎泸间群盗》诗注又曰"属断江路,时淹泊戎州",诗曰"帝乡北近日,泸口南连蛮。何当遇长房,缩地到京关",则是旅泊于泸口。按《通鉴》,大历三年四月,崔宁入朝,以弟宽为留后,泸州刺史杨子琳帅精骑数千乘虚突入成都。宽与子琳战,数不利。七月,崔宁妾任氏出家财数十万募兵,得数千人,帅以击子琳,破之。子琳走。公七月罢官归家,不由成都出剑门北上,而取江路东行者,盖因其时成都战氛未息,或甫息而秩序尚未恢复耳。《通鉴》又称杨子琳既败,还泸州,招聚亡命,得数千人,沿江东下,声言入朝。① 子琳兵败,退还泸州。公此行若取道成都,则难免与溃卒相遇于途中。然洎公既至戎泸间,而群盗

---

① 此《通鉴》大历四年二月文,然实追叙前年初败时事,至下击王守仙,杀张忠云云,乃大历四年事。

复起,①江路亦断,淹泊江干,既非长策,则不得不却回成都,仍取陆路北归。明年又有成都诗,可证其回至成都矣。

然公旅泊巴南似为时颇久。《青山峡口泊舟怀狄侍御》诗曰"往来巴山道,三见秋草凋。"自大历元年初秋入蜀至本年秋为三年,则诗当为本年所作。诗又曰"九月芦花新,弥令客心焦",则本年九月犹在巴南也。又《楚(当为秋字之讹)夕游泊古兴》曰"秋风冷萧瑟,芦荻花纷纷",《晚发五渡》曰"芦花杂渚田",《下外江怀终南旧居》曰"水宿已淹时,芦花白如雪",诸篇并言芦花,与《青山峡口》词同,当属一时所作。意九月尚未回至成都也。

大历四年己酉(769)五十五岁

旅寓成都。《招北客文》疑作于本年。

《西蜀旅舍春叹寄朝中故人呈狄评事》诗题曰"旅舍",则非佐幕时,亦非守郡时,此当为本年春作,杜《序》所云"无几使罢,②寓居于蜀"者是也。然他篇(《阻戎泸间群盗》)曰"罢官自南蜀",指嘉州,此曰"西蜀旅舍"则当指成都,故知本年春已至成都。诗曰"吾将税归鞅,旧国如咫尺",则意欲取陆路北归之明证。《送绵州李司马秩满归京因呈李兵部》诗曰"久客厌江月,罢官思早归,眼看春光老,羞见梨花飞",似亦本年春作于成都。《客舍悲秋有怀两省旧游呈幕中诸公》诗曰"三度为郎已白头,一从出守五经秋",自永泰元年出守,至本年为五年。题曰幕中诸公,则与前诗曰"西蜀旅

---

① 群盗或即指杨子琳。
② 此谓罢嘉州刺史。刺史亦称使君。故曰使罢。

舍"者正合。据此,则本年秋公仍在成都。

杜《序》"旅轸有日,犯轵侯时,吉往凶归,呜呼不禄"。唐李归一《王屋山志》及《唐诗纪事》并云"中原多故,卒死于蜀。"然据《旧书·代宗纪》,本年十二月戊戌,左仆射冀国公裴冕薨,公有《故仆射裴公挽歌三首》,则本年十二月,公犹健在也。

杜《序》"时西川节度因辞受职,本非朝旨。其部统之内,文武衣冠,附会阿谀,以求自结,皆曰中原多故,剑外少(疑当作小)康,可以庇躬,无暇向阙。公乃著《招蜀客归》一篇,申明逆顺之理,抑挫佞邪之计。有识者感叹,奸谋者惭沮,播德泽于梁益,畅皇风于邛僰。"案《文苑英华》有岑参《招北客》文,即杜所云《招蜀客归》也。《北梦琐言》引"千岁老蛟"数句,亦作岑参。《唐文粹》三十三录《招北客文》作独孤及撰,后人遂以为岑作《招蜀客归》别为一文,今佚,其实非也。公《峨眉东脚临江听猿怀二室旧庐》诗曰"哀猿不可听,北客欲流涕",《巴南舟中思陆浑别业》诗曰"泸水南州远,巴山北客稀",公诗屡用北客字,则文题当以招北客归为正,杜确误忆,题为《招蜀客归》,后世因之,遂多异说。

姚铉以为独孤及作,不知何据。今赵怀玉刊本《毗陵集》实无此篇,惟补遗有之,云录自《文粹》,则以此文为孤独及作,《文粹》而外,亦别无佐证也。文末曰"蜀之北兮可以往,北客归去来兮"亦自述其将出剑门北归长安之意,此与本年《西蜀旅舍春叹》诗"吾将税归鞅,旧国如咫尺"之语正合。

大历五年庚戌(770)五十六岁

正月,卒于成都旅舍。

公诗岁月可考者,止于去年十二月之《故仆射裴公挽歌》。赖谱据杜甫《追酬故高蜀州人日见寄》诗序云:"今海内忘形故人,独汉中王瑀与昭州敬使君超先。"诗作于大历五年正月二十一日,而称海内忘形故人,不及岑公,必其时公已逝世。案此说甚是,杜诗作于本年正月二十一日,则公之卒,当在正月二十一日以前。①

---

① 赖《谱》定公卒于大历四年,此因不知《裴公挽歌》作于四年十二月而致误。赖又假定杜《序》作于贞元十五年(799),云自彼年逆数至大历四年为三十年,与序中"岁月逾迈,殆三十年"之语,所差甚微。今案序是否作于贞元十五年,尚属疑问。假设不误,则贞元十五年上距大历五年为二十九年,与序中"殆三十年"之语,不更合符节乎?故赖君此证,施于大历四年之说,转不若施于大历五年之说为有力矣。

杜　甫

引　言

明吕坤曰:"史在天地,如形之景。人皆思其高曾也,皆愿睹其景。至于文儒之士,其思书契以降之古人,尽苦是已矣"。数千年来的祖宗,我们听见过他们的名字,他们生平的梗概,我们仿佛也知道一点,但是他们的容貌、声音,他们的性情、思想,他们心灵中的种种隐秘——欢乐和悲哀,神圣的企望,庄严的愤慨,以及可笑亦复可爱的弱点或怪癖……我们全是茫然。我们要追念,追念的对象在哪里?要仰慕,仰慕的目标是什么?要崇拜,向谁施礼?假如我们是肖子肖孙,我们该怎样的悲恸,怎样的心焦!

看不见祖宗的肖像,便将梦魂中迷离恍惚的,捕风捉影,摹拟出来,聊当瞻拜的对象——那也是没有办法的慰情的办法。我给诗人杜甫绘这幅小照,是不自量,是渎亵神圣,我都承认。因此工作开始了,马上又搁下了。一搁搁了三年,依然死不下心去,还要赓续,不为别的,只还是不奈何那一点"思其高曾,愿睹其景"的苦衷罢了。

像我这回捐起的工作,本来应该包括两层步骤,第一是分析,第二是综合。近来某某考证,某某研究,分析的工作作得不少了;关于杜甫,这类的工作,据我知道的却没有十分特出的成绩。我自己在这里偶尔虽有些零星的补充,但是,我承认,也不是什么大发现。我这次简直是跳过了第一步,来径直做第二步;这样作法,是不会有好结果的,自己也明白。好在这只是初稿,只要那"思其高曾,愿睹其景"的心情不变,永远那样的策励我,横竖以后还可以随时搜罗,随时拼补。目下我决不敢说,这是真正的杜甫,我只说是我个人想象中的"诗圣"。

我们的生活如今真是太放纵了,太夸妄了,太渺小了,太龌龊了。因此我不能忘记杜甫;有个时期,华茨华斯也不能忘记弥尔敦,他喊——

"Milton! thou shouldst be living at this hour:
England hath need of thee:she is a fen
Of stagnant waters;alter swork, and pen,
Fireside,the heroic wealth of hall and bower,
Have forfeited their ancient English dower
Of in ward happiness, we are selfish men:
O raise us up,return to us again;
And give us manners virtue freedom power."

一

当中一个雄壮的女子跳舞。四面围满了人山人海的看客。内中有一个六龄童子,许是骑在爸爸肩上,歪着小脖子,看那舞女的手脚和丈长的彩帛渐渐摇起花来了,看着,看着,他也不觉眉飞目舞,仿佛很能领略其间的妙绪。他是从巩县特地赶到郾城来看跳舞的。这一回经验定给了他很深的印象。下面一段是他几十年后的回忆:

  㸌如羿射九日落,矫如群帝骖龙翔,来如雷霆收震怒,罢如江海凝清光。

舞女是当代名满天下的公孙大娘。六岁的看客后来便成为中国有史以来第一个大诗人,四千年文化中最庄严,最瑰丽,最永久的一道光彩。六岁时看的东西,过了五十多年,还能留下那样活跃的印象,公孙大娘的艺术之神妙,可以想见,然而小看客的感受力,也就非凡了。

杜甫,字子美;生于唐睿宗先天元年(712);原籍襄阳,曾祖依艺作河南巩县县令,便在巩县住家了。子美幼时的事迹,我们不大知道。我们知道的,是他母亲死得早,他小时是寄养在姑母家里。他自小就多病。有一天可叫姑母为难了。儿子和侄儿都病着,据女巫说,要病好,病人非睡在东南角的床上不可;但是东南角的床铺只有一张,病人却有两个。老太太居然下了决心,把侄儿安顿在吉利的地方,叫自家的儿子填了侄儿的空子。想不到决心下了,结果就来了。子美长大了,听见老家人讲姑母如何让表兄给他替了死,他一辈子觉得对不起姑母。

早慧不算稀奇;早慧的诗人尤其多着。只怕很少的诗人开笔开得像我们诗人那样有重大的意义。子美第一次破口歌颂的,不是什么凡物。这"七龄思即壮,开口咏凤凰"的小诗人,可以说,咏的便是他自己。禽族里再没有比凤凰善鸣的,诗国里也没有比杜甫更会唱的。凤凰是禽中之王,杜甫是诗中之圣,咏凤凰简直是诗人自占的预言。从此以后,他便常常以凤凰自比;(《凤凰台》、《赤凤行》便是最明白的表示。)这种比拟,从现今这开明的时代看去,倒有一种特别恰当的地方。因为谈论到这伟大的人格,伟大的天才,谁不感觉寻常文字的无效?不,无效的还不只文字,你只顾呕尽心血来悬拟,揣测,总归是隔膜,那超人的灵府中的秘密,他的心情,他的思路,像宇宙的谜语一样,决不是寻常的脑筋所能猜透的。你只懂得你能懂的东西;因此,谈到杜甫,只好拿不可思议的比不可思议的。凤凰你知道是神话,是子虚,是不可能。可是杜甫那伟大的人格,伟大的天才,你定神一想,可不是太伟大了,伟大得可疑吗?上下数千年没有第二个杜甫(李白有他的天才,没有他的人格),你敢信杜甫的存在绝对可靠吗?一切的神灵和类似神灵的人物都有人疑过,荷马有人疑过,莎士比亚有人疑过,杜甫失了被疑的资格,只因文献,史迹,种种不容抵赖的铁证,一五一十,都在我们手里。

子美自弱冠以后,直到老死,在四方奔波的时候多,安心求学的机会很少。若不是从小用过一番苦功,这诗人的学力哪得如此的雄厚？生在书香门第，家境即使贫寒，祖藏的书籍总还够他餍饫的。从七八岁到弱冠的期间中，我们想象子美的生活，最主要的，不外作诗，作赋，读书，写擘窠大字，……无论如何，闲游的日子总占少数。（从七岁以后，据他自称，四十年中做了一千多首诗文；一千多首作品是要时候作的。）并且多病的身体当不起剧烈的户外生活，读书学文便自然成了唯一的消遣。他的思想成熟得特别早，一半固由于天赋，一半大概也是孤僻的书斋生活酿成的。在书斋里，他自有他的世界。他的世界是时间构成的；沿着时间的航线，上下三四千年，来往的飞翔，他沿路看见的都是圣贤、豪杰、忠臣、孝子、骚人、逸士——都是魁梧奇伟，温馨凄艳的灵魂。久而久之，他定觉得那些庄严灿烂的姓名，和生人一般的实在，而且渐渐活现起来了，于是他看得见古人行动的姿态，听得到古人歌哭的声音。甚至他们还和他揖让周旋，上下议论；他成了他们其间的一员。于是他只觉得自己和寻常的少年不同，他几乎是历史中的人物，他和古人的关系比和今人的关系密切多了。他是在时间里，不是在空间里活着。他为什么不那样想呢？这些古人不是在他心灵里活动，血脉里运行吗？他的身体不是从这些古人的身体分泌出来的吗？是的，那政事、武功、学术震耀一时的儒将杜预便是他的十三世祖；那宣言"吾文章当得屈宋作衙官，吾笔当得王羲之北面"的著名诗人杜审言，便是他的祖父；他的叔父杜升是个为报父仇而杀身的十三岁的孝子；他的外祖母便是张说所称的那为监牢中的父亲"菲屦布衣，往来供馈，徒行颡色，伤动人伦"的孝女；他外祖母的兄弟，崔行芳，曾经要求给二哥代死，没有诏准，就同哥哥一起就刑了，当时称为"死悌"。你看他自己家里同外家里,事业、文章、孝行、友爱,——立德、立功、立言的人物这样多;他翻开近代的史乘,等于翻开自己的家谱。这样读书,对于一个青年的身心,潜移默化的影响,定是不可限量的。难怪一般的少年,他瞧不上眼。他是一个贵族,不但在族望上,便论德行和智慧,他知道,也应该高人一等。所以他的朋友,除了书本里的古人,就是几个有文名的老前辈。要他同一般行辈相等的庸夫俗子混在一起,是办不到的。看看这一段文字,便可想见当时那不可一世的气概:

性豪业嗜酒,疾恶怀刚肠;脱略小时辈,结交皆老苍;饮酣视八极,俗物皆茫茫。

子美所以有这种抱负,不但因为他的血缘足以使他自豪,也不仅仅是他不甘自暴自弃;这些都是片面的,次要的理由。最要紧的,是他对于自己的成功,如今确有把握了。崔尚、魏启心一般的老前辈都比他作班固、扬雄;他自己仿佛也觉得受之无愧。十四五岁的杜二,在翰墨场中,已经是一个角色了。

这时还有一件事也可以增长一个人的兴致。从小摆不脱病魔的纠缠,如今摆脱了。这件事竟许是最足令人开心的。因为毕竟从前那种幽闭的书斋生活不大自然,只因一个人缺欠了健康,身体失了自由,什么都没有办法。如今健康恢复了,有了办法,便尽量地追回以前的积欠,当然是不妨的,简直是应该的。譬如院子里那几棵枣树,长得比什么树都古怪,都有精神,枝子都那样剑拔弩张的挺着,仿佛全身都是劲。一个人如今身体强了,早起在院子里走走,往往也觉得混身是劲,忽然看见它们那挑衅的样子,恨不得拣一棵抱上去,和它摔一跤,决个雌雄。但是想想那举动又未免太可笑了。最好是等八月来,枣子熟了,弟妹们只顾要枣子吃;枣子诚然好吃,但是当哥哥的,尤其筋强力壮的哥哥,最得意的,不是吃枣子,是在那给弟妹们不断的供应枣子的任务。用竹篙子打枣子还不算本领。哥哥有本领上树,不信他可以试给他们看看。上树要上到最高的枝子,又得不让枣刺扎伤了手,脚得站稳了,还不许踩断了树枝;然后躲在绿叶里,一把把的撒下来;金黄色的,朱砂色的,红黄参半的枣子,花花刺刺的撒将下来,得让孩子们抢都抢不赢。上树的技术练高了,一天可以上十来次,棵棵树都要上到。最有趣的,是在树顶上站直了,往下一望;离天近,离地远,一切都在脚下,呼吸也轻快了,他忍不住大笑一声;那笑里有妙不可言的胜利的庄严和愉快。便是游戏,一个人的地位也要站得超越一点,才不愧是杜甫。

健康既经恢复了,年龄也渐渐大了,一个人不能老在家乡守着。他得看看世界。并且单为自己创作的前途打算,多少通都广邑,名山大川,也不得不瞻仰瞻仰。

二

大约在二十岁左右,诗人便开始了他的飘流的生活。三十五以前,是快意的游览(仍旧用他自己的比喻),便像羽翮初满的雏凤,乘着灵风,踏着彩云,往濛濛的长空飞去。他胁下只觉得

一股轻松,到处有竹实,有醴泉,他的世界是清鲜,是自由,是无垠的希望,和薛雷的云雀一般,他是

An unbodied joy whose race is just begun.

三十五以后,风渐渐尖峭了,云渐渐恶毒了,铅铁的穹窿在他背上逼压着,太阳也不见了,他在风雨雷电中挣扎,血污的翎羽在空中缤纷的旋舞,他长号,他哀呼,唱得越急切,节奏越神奇,最后声嘶力竭,他卸下了生命,他的挫败是胜利的挫败,神圣的挫败。他死了,他在人类的记忆里永远留下了一道不可逼视的白光;他的音乐,或沈雄,或悲壮,或凄凉,或激越,永远,永远是在时间里颤动着。

子美第一次出游是到晋地的郇瑕(今山西猗氏县),在那边结交的人物,我们知道的,有韦之晋。此后,在三十五岁以前,曾有过两次大举的游历:第一次到吴越,第二次到齐赵。两度的游历,是诗人创作生活上最需要的两种精粹而丰富的滋养。在家乡,一切都是单调,平凡,青的天笼盖着黄的地,每隔几里路,绿杨藏着人家,白杨翳着坟地,分布得驿站似的呆板。土人的生活也和他们的背景一样的单调。我们到过中州的人都知道那是个什么样的去处;大概从唐朝到现在是不会有多少进步的。从那样的环境,一旦踏进山明水秀的江南,风流儒雅的江南,你可以想象他是怎样的惊喜。我们还记得当时和六朝,好比今天和昨日:南朝的金粉,王谢的风流,在那里当然还留着够鲜明的痕迹。江南本是六朝文学总汇的中枢,他读过鲍、谢、江、沈、阴、何

的诗,如今竟亲历他们歌哭的场所,他能不感动吗?何况重重叠叠的历史的舞台又在他眼前,剑池、虎邱、姑苏台、长洲苑、太伯的遗庙、阖闾的荒冢,以及钱塘、剡溪、鉴湖、天姥——处处都是陈迹、名胜,处处都足以促醒他的回忆,触发他的诗怀。我们虽没有他当时纪游的作品,但是诗人的得意是可以猜到的。美中不足的只是到了姑苏,船也办好了,却没有浮着海。仿佛命数注定了今番只许他看到自然的秀丽,清新的面相;长洲的荷香,镜湖的凉意,和明眸皓齿的耶溪女……都是他今回的眼福;但是那瑰奇雄健的自然,须得等四五年后游齐赵时,才许他见面。

在叙述子美第二次出游以前,有一件事颇有可纪念的价值,虽则诗人自己并不介意。

唐代取士的方法分三种——生徒、贡举、制举。已经在京师各学馆,或州县各学校成业的诸生,送来尚书省受试的,名曰生徒;不从学校出身,而先在州县受试,及第了,到尚书省应试的,名曰贡举。以上两种是选士的常法。此外,每多少年,天子诏行一次,以举非常之士,便是制举。开元二十三年(736)子美游吴越回来,挟着那"气劚屈贾垒,目短曹刘墙"的气焰应贡举,县试成功了,在京兆尚书省一试,却失败了。结果没有别的,只是在够高的气焰上又加了一层气焰。功名的纸老虎如今被他戳穿了。果然,他想,真正的学问,真正的人才,是功名所不容的。也许这次下第,不但不能损毁,反足以抬高他的身价。可恨的许只是落第落在名职卑微的考功郎手里,未免叫人丧气。当时士林反对考功郎主试的风潮酝酿得一天比一天紧,在子美"忤下考功第"的明年,果然考功郎吃了举人的辱骂,朝廷从此便改用侍郎主试。

　　子美下第后八九年之间,是他平生最快意的一个时期,游历了许多名胜,接交了许多名流。可惜那期间是他命运中的朝曦,也是夕照,那几年的经历是射到他生命上的最始和最末的一道金辉,因为从那以后,世乱一天天的纷纭,诗人的生活一天天的潦倒,直到老死,永远闯不出悲哀、恐怖和绝望的环攻。但是末路的悲剧不忙提起,我们的笔墨不妨先在欢笑的时期多留连一会儿,虽则悲惨的下文早晚是要来的。

　　开元二十四五年之间,子美的父亲——闲——在兖州司马任上,子美去省亲,乘便游历了兖州、齐州一带的名胜,诗人的眼界是更加开阔了。这地方和家乡平原既不同,和秀丽的吴越也两样。根据书卷里的知识,他常常想见泰山的伟大和庄严,但是真正的岱岳,那"造化钟神秀,阴阳割昏晓"的奇观,他没有见过。这边的湍流、峻岭、丰草、长林都另有一种他最能了解,却不曾认识过的气魄。在这里看到的,是自然的最庄严的色相。唯有这边自然的气势和风度最合我们诗人的脾胃,因为所有磅礴郁结在他胸中的,自然已经在这景物中说出了,这里一丘一壑,一株树,一朵云,都能引起诗人的共鸣。他在这里勾留了多年,直变成了一个燕赵的健儿;慷慨悲歌、沉郁顿挫的杜甫,如今发现了他的自我。过路的人往往看见一行人马,带着弓箭旗枪,驾着鹘鹰,牵着猎狗,望郊野奔去。内中头戴一顶银盔,脑后斗大一颗红缨,全身铠甲,跨在马上的,便是监门胄曹苏预(后来避讳改名源明)。在他左首并辔而行的,装束略微平常,双手横按着长槊,却也是英风爽爽的一个丈夫,便是诗人杜甫。两个少年后

来成了极要好的朋友。这回同着打猎的经验,子美永远不能忘记,后来还供给了《壮游》诗一段有声有色的文字:

> 春歌丛台上,冬猎青邱旁;呼鹰皂枥林,逐兽云雪冈;射飞曾纵鞚,引臂落鹜鸽。苏侯据鞍喜,忽如携葛强。

原来诗人也学得了一手好武艺!

这时的子美,是生命的焦点,正午的日曜,是力,是热,是锋棱,是夺目的光芒。他这时所咏的《房兵曹胡马》和《画鹰》恰好都是自身的写照。我们不能不腾出篇幅,把两首诗的全文录下。

> 胡马大宛名,锋棱瘦骨成,竹批双耳峻,风入四蹄轻;所向无空阔,真堪托死生。骁腾有如此,万里可横行。
> ——(《房兵曹胡马》)
> 素练风霜起,苍鹰画作殊,㩳身思狡兔,侧目似愁胡,绦镟光堪摘,轩楹势可呼。何当系凡鸟,毛血洒平芜!
> ——(《画鹰》)

这两首和稍早的一首《望岳》都是那时期里最重要的代表作品,实在也奠定了诗人全部创作的基础。诗人作风的倾向,似乎是专等这次游历来发现的;齐赵的山水,齐赵的生活,是几天的骄阳接二连三的逼成了诗人天才的成熟。

灵机既经触发了,弦音也已校准了,从此轻拢慢捻,或重挑急抹,信手弹去,都是绝调。艺术一天进步一天,名声也一天大一天。从齐赵回来,在东都(今洛阳)住了两三年,城南首阳山下的一座庄子,排场虽是简陋,门前却常留着达官贵人的车辙马迹。最有趣的是,那一天门前一阵车马的喧声,顿时老苍头跑进来报道贵人来了。子美倒屣出迎:一位道貌岸然的斑白老人向他深深一揖,自道是北海太守李邕,久慕诗人的大名,特地来登门求见。北海太守登门求见,与诗人相干吗?世俗的眼光看来,一个乡贡落第的穷书生家里来了这样一位阔客人,确乎是荣誉,是发迹的吉兆。但是诗人的眼光不同。他知道的李邕,是为追谥韦巨源事,两次驳议太常博士李处,和声援宋璟,弹劾谋反的张昌宗弟兄的名御史李邕——是碑版文字散满天下,并且为要压倒燕国公的"大手笔"几乎牺牲了性命的李邕——是重义轻财,卑躬下士的李邕。这样一位客人来登门求见,当然是诗人的荣誉;所以"李邕求识面"可以说是他生平最得意的一句诗。结识李邕在诗人生活中确乎要算一件有关系的事。李邕的交游极广,声名又大,说不定子美后来的许多朋友,例如李白、高适诸人,都是由李邕介绍的。

三

写到这里,我们该当品三通画角,发三通擂鼓,然后提起笔来蘸饱了金墨,大书而特书。因为我们四千年的历史里,除了孔子见老子(假如他们是见过面的)没有比这两人的会面,更重大,更神圣,更可纪念的。我们再逼紧我们的想象,譬如说,青天里太阳和月亮走碰了头,那么,尘世上不知要焚起多少香案,不知有多少人要望天遥拜,说是皇天的祥瑞。如今李白和杜甫——诗中的两曜,劈面走来了,我们看去,不比那天空的异瑞一样的神奇,一样的有重大的意义吗?所以假如我们有法子追究,我们定要把两人行踪的线索,如何拐弯抹角,时合时离,如何越走越近,终于两条路线会合交叉了——统统都记录下来。假如关于这件事,我们能发现到一些翔实的材料,那该是文学史里多么浪漫的一段掌故!可惜关于李杜初次的邂逅,我们知道的一成,不知道的九成。我们知道天宝三载三月,太白得罪了高力士,放出翰林院之后,到过洛阳一次,当时子美也在洛阳。两位诗人初次见面,至迟是在这个当儿,至于见面时的情形,在什么时候,什么地方,也许是李邕的筵席上,也许是洛阳城内一家酒店里,也许……但这都是可能范围里的猜想,真确的情形,恐怕是永远的秘密。

　　有一件事我们却拿得稳是可靠的。子美初见太白所得的印象,和当时一般人得的,正相吻合。司马子微一见他,称他"有仙风道骨,可与神游八极之表";贺知章一见,便呼他作"天上谪仙人",子美集中第一首《赠李白》诗,满纸都是企羡登真度此的话,假定那是第一次的邂逅,第一次的赠诗,那么,当时子美眼中的李十二,不过一个神采趣味与常人不同,有"仙风道骨"的人,一个可与"相期拾瑶草"的侣伴,诗人的李白没有在他脑中镌上什么印象。到第二次赠诗,说"未就丹砂愧葛洪",回头就带着讥讽的语气问:

　　痛饮狂歌空度日,飞扬跋扈为谁雄?

依然没有谈到文字。约莫一年以后,第三次赠诗,文字谈到了,也只轻轻的两句"李侯有佳句,往往似阴铿,"不是什么了不得的恭维,可是学仙的话一概不提了。或许他们初见时,子美本就对于学仙有了兴味,所以一见了"谪仙人",便引为同调;或许子美的学仙的观念完全是太白的影响。无论如何,子美当时确是做过那一段梦——虽则是很短的一段;说"苦无大药资,山林迹如扫";说"未就丹砂愧葛洪"。起码是半真半假的心话。东都本是商贾贵族蜂集的大城,廛市的繁华,人心的机巧,种种城市生活的罪恶,我们明明知道,已经叫子美腻烦,厌恨了,再加上当时炼药求仙的风气正盛,诗人自己又正在富于理想的、如火如荼的浪漫的年华中——在这种情势之下,萌生了出世的观念,是必然的结果。只是杜甫和李白的秉性根本不同:李白的出世,是属于天性的,出世的根性深藏在他骨子里,出世的风神披露在他容貌上;杜甫的出世是环境机会造成的念头,是一时的愤慨。两人的性格根本是冲突的。太白笑"尧舜之事不足惊",子美始终要"致君尧舜上"。因此两人起先虽觉得志同道合,后来子美的热狂冷了,便渐渐觉得不独自己起先的念头可笑,连太白的那种态度也可笑了;临了,念头完全抛弃,从此绝口不提了。到不提学仙的时候,才提到文字,也可见当初太白的诗不是不足以引起子美的倾心,实在是诗人的李白被仙人的李白掩盖了。

东都的生活果然是不能容忍了,天宝四载夏天,诗人便取道如今开封、归德一带,来到济南。在这边,他的东道主,便是北海太守李邕。他们常时集会,宴饮,赋诗;集会的地点往往在历下亭和鹊湖边上的新亭。在座的都是本地的或外来的名士；内中我们知道的还有李邕的从孙李之芳员外，和邑人蹇处士。竟许还有高适，有李白。

　　是年秋天太白确乎是在济南。当初他们两人是否同来的，我们不晓得；我们晓得他们此刻交情确是很亲密了，所谓"醉眠秋共被，携手日同行"。便是此时的情况。太白有一个朋友范十，是位隐士，住在城北的一个村子上。门前满是酸枣树，架上吊着碧绿的寒瓜，瀚瀚的白云镇天在古城上闲卧着——俨然是一个世外的桃源；主人又殷勤；太白常常带子美到这里喝酒谈天。星光隐约的瓜棚底下，他们往往谈到夜深人静，太白忽然对着星空出神，忽然谈起从前陈留采访使李彦如何答应他介绍给北海高天师学道箓，话说过了许久，如今李彦许早忘记了，他可是等得不耐烦了。子美听到那类的话，只是唯唯否否；直等话头转到时事上来，例如贵妃的骄奢，明皇的昏聩，以及朝里朝外的种种险象，他的感慨才潮水般的涌来。两位诗人谈着话，叹着气，主人只顾忙着筛酒，或许他有意见不肯说出来，或许压根儿没有意见。

　　　　　　　　　　（本文未完）

原载《新月》第一卷第六期，十七年八月十日

英译李太白诗

《李白诗集》The Works of Li Po, The Chinese Poet.

小畑薰良译 Done into English Verse by Shigeyoshi Obata, E. P. Dutton & Co, New York City. 1922,

小畑薰良先生到了北京,更激动了我们对于他译的《李白诗集》的兴趣。这篇评论披露出来了,我希望小畑薰良先生这件惨淡经营的工作,在中国还要收到更普遍的注意,更正确的欣赏。书中虽然偶尔也短不了一些疏忽的破绽,但是大体上看起来,依然是一件很精密,很有价值的工作。如果还有些不能叫我们十分满意的地方,那许是应该归罪于英文和中文两种文字的性质相差太远了,而且我们应注意译者是从第一种外国文字译到第二种外国文字。打了这几个折扣,再通盘计算起来,我们实在不能不佩服小畑薰良先生的毅力和手腕。

这一本书分成三部分:(一)李白的诗,(二)别的作家同李白唱和的诗,以及同李白有关系的诗,(三)序,传,及参考书目。我把第一部分里面的李白的诗,和译者的序,都很尽心的校阅了,我得到无限的乐趣,我也发生了许多的疑窦。乐趣是应该向译者道谢的,疑窦也不能不和他公开的商榷。

第一我觉得译李白的诗,最要注重鉴别真伪,因为集中有不少的"赝鼎",有些是唐人伪造的,有些是五代中国人伪造的,有些是宋人伪造的,古来有识的学者和诗人,例如苏轼讲过《草书歌行》、《悲歌行》、《笑歌行》、《姑熟十咏》,都是假的,黄庭坚讲过《长干行》第二首和《去妇词》是假的;萧士赟怀疑过的有七篇,赵翼怀疑过的有两篇;龚自珍更说得可怕——他说李白的真诗只有一百二十二篇,算起来全集中至少有一半是假的了。

我们现在虽不必容纳龚自珍那样极端的主张,但是讲李白集中有一部分的伪作,是很靠得住的。况且李阳冰讲了"当时著作,十丧其九",刘全白又讲"李君文集,家有之而无定卷",韩愈又叹道:"惜哉传于今,泰山一毫芒。"这三个人之中,阳冰是太白的族叔,不用讲了。刘全白、韩愈都离着太白的时代很近,他们的话应当都是可靠的。但是关于鉴别真伪的一点,译者显然没有留意。例如:《长干行》第二首,他便选进去了。鉴别的功夫,在研究文艺,已然是不可少的,在介绍文艺,尤其不可忽略。不知道译者可承认这一点?

再退一步说,我们若不肯断定某一首诗是真的,某一首是假的,至少好坏要分一分。我们若是认定了某一首是坏诗,就拿坏诗的罪名来淘汰它,也未尝不可以。尤其像李太白这样一位专仗着灵感作诗的诗人,粗率的作品,准是少不了的。所以选诗的人,从严一点,总不会出错儿。依我的见解,《王昭君》、《襄阳曲》、《沐浴子》、《别内赴征》、《赠内》、《巴女词》,还有那证明李太白是日本人的朋友的《哭晁卿衡》一类的作品,都可以不必翻译。

至于《行路难》、《饯别校书叔云》、《襄阳歌》、《扶风豪士歌》、《西岳云台歌》、《鸣皋歌》、《日出入行》等等的大作品,都应该入选,反而都落选了。这不知道译者是用的一种什么标准去选的,也不知道选择的观念到底来过他脑筋里没有。

太白最擅场的作品是乐府歌行,而乐府歌行用自由体译起来,又最能得到满意的结果。所以多译些《蜀道难》、《梦游天姥吟留别》一类的诗,对于李太白既公道,在译者也最合算。太白在绝句同五律上固然也有他的长处;但是太白的长处正是译者的难关。李太白本是古诗和近体中间的一个关键。他的五律可以说是古诗的灵魂蒙着近体的躯壳,带着近体的藻饰。形式上的秾丽许是可以译的,气势上的浑璞可没法子译了。但是去掉了气势,又等于去掉了李太白。"我来竟何事,高卧沙丘城?城边有古树,日夕连秋声……"这是何等的气势,何等古朴的气势!你看译到英文,成了什么样子?

> Why have I come hither, after all?
> Solitude is my lot at Sand Hillcity
> There are old trees by the city wall
> And many voices of autumn, day and night

这还算好的,再看下面的,谁知道那几行字就是译的"人烟寒橘柚,秋色老梧桐。"

> The smoke from the cottages curls

Up around the citron trees,

And the hues of late autumn are

On the green paulownias.

这到底是怎么一回事？怎么中文的"浑金璞玉"，移到英文里来，就变成这样的浅薄，这样的庸琐？我说这毛病不在译者的手腕，是在他的眼光，就像这一类浑然天成的名句，它的好处太玄妙了，太精微了，是禁不起翻译的。你定要翻译它，只有把它毁了完事！譬如一朵五色的灵芝，长在龙爪似的老松根上，你一眼瞥见了，很小心的把它采了下来，供在你的瓶子里，这一下可糟了！从前的瑞彩，从前的仙气，于今都变成了又干又瘪的黑菌。你搔着头，只着急你供养的方法不对。其实不然，在压根儿你就不该采它下来，采它就是毁它，"美"是碰不得的，一黏手它就毁了，太白的五律是这样的，太白的绝句也是这样的。

峨眉山月半轮秋，影入平羌江水流，夜发青溪向三峡，思君不见下渝州。

The autumn moon is half round above Omei Mountain;

Its pale light falls in and flows with the water of the Pingchang River.

In-night I leave Chingchi of the limpid stream for the Three Canyons.

And glides down past Yuchow, thin king of you

whom I can not see.

在诗后面译者声明了,这首诗译得太对不起原作了。其实他应该道歉的还多着,岂止这一首吗?并且《静夜思》《玉阶怨》《秋浦歌》《赠汪伦》《山中答问》《清平调》《黄鹤楼送孟浩然之广陵》一类的绝句,恐怕不只小畑薰良先生,实在什么人译完了,都短不了要道歉的。所以要省了道歉的麻烦,这种诗还是少译的好。

我讲到了用自由体译乐府歌行最能得到满意的结果。这个结论是看了好几种用自由体的英译本得来的。读者只要看小畑薰良先生的《蜀道难》便知道了。因为自由体和长短句的乐府歌行,在体裁上相差不远;所以在求文字的达意之外,译者还有余力可以进一步去求音节的仿佛。例如篇中几句"蜀道之难难于上青天,"是全篇音节的锁钥,是很重要的。译作"The road to Shu is more difficult to climb than to climb the steep blue heaven"两个(climb)在一句的中间作一种顿挫,正和两个难字的功效一样的;最巧的"难"同 climb 的声音也差不多。又如"上有六龙回日之高标;下有冲波逆折之洄川"译作:

Io, the road mark high above, where the six dragons circle the sun!

The stream far below, winding forth and winding back, breaks into foam.

这里的节奏也几乎是原诗的节奏了。在字句的结构和音节的调度上，本来算韦雷（Arthur waley）最讲究。小畑薰良先生在《蜀道难》、《江上吟》、《远别离》、《北风行》、《庐山谣》几首诗里，对于这两层也不含糊。如果小畑薰良同韦雷注重的是诗里的音乐，陆威尔（Amy Luwell）注重的便是诗里的绘画。陆威尔是一个 imagist，字句的色彩当然最先引起她的注意。只可惜李太白不是一个雕琢字句、刻画词藻的诗人，跌宕的气势——排奡的音节是他的主要的特性。所以译太白与其注重词藻，不如讲究音节了。陆威尔不及小畑薰良只因为这一点；小畑薰良又似乎不及韦雷，也是因为这一点。中国的文字尤其中国诗的文字，是一种紧凑非常——紧凑到了最高限度的文字。像"鸡声茅店月，人迹板桥霜。"这种句子连个形容词动词都没有了；不用说那"尸位素餐"的前置词、连读词等等的。这种诗意的美，完全是靠"句法"表现出来的。你读这种诗仿佛是在月光底下看山水似的。一切的都幂在一层银雾里面，只有隐约的形体，没有鲜明的轮廓；你的眼睛看不准一种什么东西，但是你的想象可以告诉你无数的形体。温飞卿只把这一个一个的字排在那里，并不依着文法的规程替它们联络起来，好像新印象派的画家，把颜色一点一点的摆在布上，他的工作完了。画家让颜色和颜色自己去互相融洽，互相辉映——诗人也让字和字自己去互相融洽，互相辉映。这样得来的效力准是特别的丰富。但是这样一来中国诗更不能译了。岂止不能用英文译？你就用中国的语体文来试试，看你会不会把原诗闹得一团糟？就讲"峨眉山月半轮秋"，据小畑薰良先生的译文（参看前面），把那两个 the 一个 is 一个 above 去掉了，就不成英文，不去，又不是李太白的诗了。不过既要译诗，只好在不可能的范围里找出个可能来。那么惟一的办法只是能够不增减原诗的字数，便不增减，能够不移动原诗字句的次序，便不移动。小畑薰良先生关于这一点，确乎没有韦雷细心。那可要可不要的 and, though, while……小畑薰良先生随便就拉来嵌在句子里了。他并且凭空加上一整句，凭空又给拉下一句。例如《乌夜啼》末尾加了一句 for whom I wonder 是毫无必要的。《送汪伦》中间插上一句 It was you and your friends come to bid me farewell 简直是画蛇添足。并且译者怎样知道给李太白送行的，不只汪伦一个人，还有"your friends"呢？李太白并没有告诉我们这一层。《经乱离后天恩流夜郎忆旧游书怀赠江夏韦太守良宰》里有两句"江带峨眉雪，横穿三峡流"，他只译作 And lo, the river swelling with the tides of Three Canyons。

试问"江带峨眉雪"的"江"字底下的四个字，怎么能删得掉呢？同一首诗里，他还把"君登凤池去，勿弃贾生才"十个字整个儿给拉下来了。这十个字是一个独立的意思，没有同上下文重复。我想定不是译者存心删去的，不过一时眼花了，给看漏了罢了（这是集中最长的一首诗；诗长了，看漏两句准是可能的事）。可惜的只是这两句实在是太白作这一首诗的动机。太白这时贬居在夜郎，正在想法子求人援助。这回他又请求韦太守"勿弃贾生才。"小畑薰良先生偏把他的真正意思给漏掉了；我怕太白知道了，许有点不愿意罢？

译者还有一个地方太滥用他的自由了。一首绝句的要害就在三四两句。对于这两句,译者应当格外小心,不要损伤了原作的意味。但是小畑薰良先生常常把它们的次序颠倒过来了。结果,不用说了,英文也许很流利,但是李太白又给挤掉了。谈到这里,我觉得小畑薰良先生的毛病,恐怕根本就在太用心写英文了。死气板脸的把英文写得和英美人写的一样,到头读者也只看见英文,看不见别的了。

　　虽然小畑薰良先生这一本译诗,看来是一件很细心的工作,但是荒谬的错误依然不少。现在只稍微举几个例子。"石径"决不当译作 stony wall,"章台走马著金鞭"的"著"决不当译作 lightly carried,"风流"决不能译作 wind and stream,"燕山雪大花如席"的"席"也决不能译作 pillow,"青春几何时"怎能译作 Green Spring and what time 呢?扬州的"扬"从"手",不是杨柳的"杨",但是他把扬州译成了 willow valley。《月下独酌》里"圣贤既已饮"译作 Both the sages and the wise were drunkers,错了。应该依韦雷的译法——of saint and sage I have long quaffed deep,才对了。考证不正确的例子也有几个。"借问卢耽鹤"卢是姓,耽是名字,译者把"耽鹤"两个字当作名字了。紫微本是星的名字。紫微宫就是未央宫,不能译为 imperial palace of purple。郁金本是一种草,用郁金的汁水酿成的酒名郁金香。所以"兰陵美酒郁金香"译作 The delicious wine of Lanling is of golden hue and flavorous,也不妥当。但是,最大的笑话恐怕是《白纻辞》了。这个错儿同 Ezra Pound 的错儿差不多。Pound 把两首诗抟作一首,把第二首的题目也给抟到正文里去了。小畑薰良先生把第二首诗的第一句割了来,硬接在第一首的尾巴上。

我虽然把小畑薰良先生的错儿整套的都给搬出来了,但是我希望读者不要误会我只看见小畑薰良先生的错处,不看见他的好处。开章明义我就讲了这本翻译大体上看来是一件很精密,很有价值的工作。一件翻译的作品,也许旁人都以为很好,可是叫原著的作者看了,准是不满意的,叫作者本国的人看了,满意的许有,但是一定不多。Fitzgerald 译的 Rubazyat 在英文读者的眼里,不成问题,是译品中的杰作,如果让一个波斯人看了,也许就要摇头了。再要让我默自己看了,定要跳起来嚷道:"牛头不对马嘴!"但是翻译当然不是为原著的作者看的,也不是为懂原著的人看的,翻译毕竟是翻译,同原著当然是没有比较的。一件译品要在懂原著的人面前讨好,是不可能的,也是没有必要的。假使小畑薰良先生的这一个译本放在我眼前,我马上就看出了这许多的破绽来,那我不过是同一般懂原文的人一样的不近人情。我盼望读者——特别是英文读者不要上了我的当。

翻译中国诗在西方是一件新的工作(最早的英译在一八八八年),用自由体译中国诗,年代尤其晚。据我所知道的小畑薰良先生是第四个人用自由体译中国诗。所以这种工作还在尝试期中。在尝试期中,我们不应当期望绝对的成功,只能讲相对的满意。可惜限于篇幅,我不能把韦雷、陆威尔的译本录一点下来,同小畑薰良先生的作一个比较。因为要这样我们才能知道小畑薰良先生的翻译同陆威尔比,要高明得多,同韦雷比,超过这位英国人的地方也不少。这样讲来,小畑薰良先生译的《李白诗集》在同类性质的译本里，所占的位置很高了。再想起他是从第一种外国文字译到第二种外国文字，那么他的成绩更有叫人钦佩的价值了。

原载《北平晨报》副刊，十五年六月三日

www.ingramcontent.com/pod-product-compliance
Lightning Source LLC
Chambersburg PA
CBHW031442040426
42444CB00007B/932